這是一本虛實絢麗的妖異創作文學。

目次。

推薦序

通靈的妖異小說

何敬堯
（奇幻作家）

這幾年來，臺灣島掀起了一波「妖怪潮流」，往昔避之唯恐不及的妖鬼神魔，反而成為臺灣人津津樂道的話題，展現出本土奇幻的魅力。

這股潮流最初的推動力，來自於臺灣民俗界。在二〇一四年，林美容與李家愷撰寫的《魔神仔的人類學想像》，以嚴謹的學術分析、田野調查，讓繪聲繪影的魔神仔不再只是無根據的怪力亂神，反而是具備研究價值的民俗現象。同年，畫師角斯也為臺灣妖怪的視覺藝術敲響了第一聲鑼，《臺灣妖怪地誌》融合地圖與傳說，讓臺灣大眾驚訝發現，原來本土妖怪也能擁有具體形態，豐富我們對於這座島嶼的神祕想像。

二〇一四年可以說是臺灣妖怪的元年，從那時開始，臺灣不只在學術研究上有累積，在電影、漫畫、模型、動畫、遊戲……等等多元領域，也開始加入諸多臺灣妖怪神魔的元素。但其實，在這一波妖怪與創作的潮流中，如何讓臺灣妖怪文化避免「泡沫化」的窘境，更需要我們耐心思索，在各種「文化實驗」的過程裡，小心翼翼地前進。

所謂妖怪，即是民俗記憶的一環，更是歷史軌跡中散逸而出的黑暗結晶。談鬼說妖，絕不能忽視在地文化，因為妖異傳說都是地方民俗與歷史的一部分。在這波妖怪潮流中，不乏小說寫作，這本《台灣妖見錄：20處日治妖怪踏查現場》的「通靈創作」顯得特別奇異。本書中數十篇故事，涉及日本妖怪，主因在於日本曾經統治過臺灣，作者便嘗試將日本傳說安置於這座島嶼。

日人的到來，不只帶來科學武備，同時也將他們的宗教信仰、神話傳說一併攜來臺灣。日式傳說，曩昔也試圖與臺灣在地文化融合，例如在一九三六年，漢詩人黃純青在《臺灣日日新報》發表詩作〈稻江迎城隍〉：「陣頭改善隨時勢，故事宜裝桃太郎。」詩人認為在大稻埕迎城隍的活動應該要有改善，建議參與陣頭可以將桃太郎的故事融入慶典之中。這種因應時勢的「文化改造」，並不被地方接受，不過也反映出日治時期的特殊殖民地處境。

隨著二次世界大戰落幕，落寞的日本人離開了臺灣，大東亞共榮圈不過是一場幻夢。但是，文化共存甚至融合的現象（想像），卻依舊在臺灣這座島嶼持續進展，也因此誕生了這本書。此書中的人物大多是有憑有據的史實人物，作者則藉此「通靈」，將虛幻的日本妖怪「嫁接」於這座島嶼的風土。

此種小說實驗，是真是假，是虛是實，則由讀者自行判斷，或許這也是妖怪小說的奇幻之處。

推薦序

以妖怪之眼，觀冷暖人間

銀色快手
（妖怪愛好家／偽民俗學者）

這本書彷彿台灣版的《夢十夜》，當然它的內容不止是十個夢而已，這些夢境涵攝收納多元的主體，從歷史、人文、風土、物產無所不包，更有趣的是，這些故事裡的人物是真實存在的，可他們又和神秘界互通有無，妖怪成為事件的孕生和串連的中介者，有時候妖怪還會搶戲，不是《戲說台灣》的那種搶戲，而是和人類互爭主導權的戲碼。

在這妖怪橫行、魑魅魍魎跋扈跳梁的末法之世，人心之叵測與妖怪無異，然而這些存在於故事裡的妖怪，卻有天然般的純良善意，為土地奉獻他們的寶藏與智慧，不似那些駭人張牙的鬼怪想像，沒有恐怖片的情節，也沒有爾虞我詐的心機攻防，擁有的卻是對未來懷抱的憧憬，對土地開拓義無反顧的熱情。

由妖怪踏查連結到台日關係血濃於的歷史淵源與人情世故，浪漫情懷溢於言表，先民們為這塊福爾摩莎之島所做的努力，似乎也被記載於靈魂之間彼此感通的夢境中，這裡的看見不是物理學的看見，而是一種通透、一種感知、一種了悟，由妖怪的觀點，反映歷史可能被忽略的缺失環節，它完全是跨領域的覺察之旅，讀著這些饒富趣味的故事，也彷彿循著開拓者的足跡走訪一趟日治時期的台灣，時空交錯之感，令讀者有撫今追昔之歎。

幻想文學起源與神話、傳說絕對脫離不了關係，其中包含了當地文化、信仰、風俗習慣、精神意識在裡頭，縱使是天馬行空的想像文字，依然保有濃厚的哲學和宇宙觀，值得識者深入探究，妖怪傳說本來具有濃厚的東方傳奇色彩，以日本和台灣的泛靈思想，與原住民的祖靈、矮靈、魔神仔，在靈魂的系譜之中，故事包容了更寬廣的可能性，不被人鬼二元論所限制綁縛，而夢境幾乎是一個意識交流的平台和介面，它讓人與妖怪與鬼神之間的距離不再那麼遙遠，人間不過只是修行場域，因果輪迴與緣分機遇相合，變幻出無限的道路與悲歡離合，許多建築與佛寺、石碑和遺址，都留下了線索供後人去揣想歷史的建構與步履的軌跡，如果我們只相信官方版本的歷史，而不去看民間流傳的野史，好像少了某種溫情的觀照，少了充滿人情味的故事傳統。

許多事實的真相和答案，啟示和智慧，說不定就蘊藏在其中。

自序

聽，島嶼與它們的對話

身處不同世代的讀者你們好，當你翻開此書時，身為作者的我覺得很榮幸，為什麼呢？因為我能為你說這塊島嶼過去的故事。

我出生於台北市萬華區龍山寺後方的龍安婦產科醫院。據我父親說，我出生前原本是晴空萬里的夏季早上，在母親入醫院後天色卻瞬間變黑，那時黑雲籠罩，天空下起雷電交加的暴雨，附近街道淹起的水有到小腿這麼高。我出生後，天氣又變回晴朗。原本以為是西北雨，但是想想早上那來的西北雨呢？以上就是我來到人間的最初記錄。

台灣位處於西太平洋亞洲大陸的東亞區域，北方有日本、南北韓，西方有中國，南方則是與菲律賓相接。由於地理位置的先天條件，許多國家政權在此處劫掠與墾殖。最早是原住民族，接著是來自歐洲的荷蘭與西班牙艦隊，再來才是在中國明朝末年橫行於東亞一帶的海上武裝集團——國姓爺。

國姓爺所創建的東寧王朝被清滅後，中日甲午戰爭讓日本取得政權，最後在太平洋戰爭中，因日本戰敗又被中華民國託管至今。而後蔣介石率國民黨流亡至台灣，此後這個島嶼變成民主與共產對抗下不沉的航空母艦。數百年來，這塊土地不斷融合許多民族，但由於先天的歷史衝突加上民主化後的不同政治意識，使得許多人民不知何去何從，也對這塊土地缺乏認同與愛惜。

而我的台灣認同是什麼呢？就是出生於此地，不管先前國籍為何，都是新台灣人。而要團結這塊島嶼的認同感，勢必需要一本真正能跨出族群意識形態的鄉土文學作品。台灣的觀光在我所處時代，一直找不到明確的方向。

在先賢諸多累績記錄下，有許多故事待後人發揮與重新詮釋。此書我把它歸屬於台灣地景文學，這本書的誕生，要感謝的是一群看不見的在地靈，它們願意找我訴說那裡的過去。至於它們為何會找上我呢？可能它們認為，我具有正確解讀它們的能力吧！

出生於一個木材小商人之家的我，寫作能力到底從何而來？一方面是我成長的世代深受日本動漫文化的影響，每年數百本的閱讀是基礎，以及不斷下田野調查拜訪許多耆老，這些長久的累積在鬼太郎作者——水木茂先生來台展覽時被開啟了。

當下參觀展覽時，我深感到台灣文化力的悲哀，感嘆台灣沒有這樣的文化力可以輸出給世界。日本許多大師常常來台灣辦展覽，國人也相當踴躍參與，然而台灣卻似乎無法能這樣大量出產跨越國界的文學作品。

擁有著不同於常人的人生經歷，我想，也許就是上天在默默地訓練，讓我成為他們想要的方式吧！為何要寫故事？因為我能藉由重組能力，透過文字與現場能量的聯想力，來走入其境看到過去所發生的一切。

我只是個記錄者，感謝故事它們選擇了我，讓我有機會為能地方人文觀光做出貢獻。觀光發展需要人文故事為基礎，我是個寫故事與說故事的人，希望這一系列的台灣瑰寶地景文學，能帶給你對台灣文化不同深刻的認知與感動。

01

草山銀狐

「台灣，我奉獻一生的心力所在。如果沒有她的出現，也許蓬萊米也不會問世。」這是台灣蓬萊米之父——磯永吉博士離世前的遺言。「她」到底是誰？蓬萊米又是如何被開發出來的？

磯永吉的夢

明治四十四年（西元一九一二年）五月，一位住在日本內地的磯永吉先生剛從北海道的東北帝國大學畢業回到家鄉廣島。有天晚上，他做了一場夢，夢境裡有座不高的山，還有一隻看起來像是銀色的狐狸在山林間穿梭著。那裡的滿月很大也很明亮，而那隻銀狐似乎也發現了永吉的存在，便朝他的方向飛奔，就在快被銀狐追上之際，母親的叫聲喚醒了他。

母親：「別睡了！有一位貴客來到，聽說是從南台灣總督府派來的，快起來吧！」

還處在睡意中的永吉，兩眼矇矓地蜷在被窩裡，餘悸猶存地回想著剛才的夢境，但因母親又再度催促著，永吉只好有點不情願地在簡單的梳洗後，換上勞動的衣物至客廳會客。

永吉：「原來是學長平澤龜一郎先生呀！」

平澤：「早啊，學弟。」

永吉走進榻榻米上跪座，喝著母親為他們砌的靜岡縣綠茶，接著問：「學長現在跑去台灣那工作啊？聽說那裡很熱不是嗎？怎麼會有空來找我呢？」

平澤：「我是受民政長官後藤新平所託，想尋找一批農業人材到台灣去發展。」

永吉：「所以我也是在你名單之內的人囉！」

平澤：「是的。要不要跟我去台灣啊？台灣總督府開出很好的待遇喔！我有跟後藤長官說過你是種稻子的專家，連我的才能都不及你的百分之一呢！」

永吉笑著回：「哈哈！少來了！其實剛剛在學長來找我之前，我做了一個奇怪的夢。」

平澤：「是什麼夢？說來聽聽，也許我可以幫你解釋喔！」

永吉向平澤說著早上的夢境，平澤聽完後思考了一下說：「我知道了，待會兒我們去權現山的金稻荷神社走一趟，聽說那邊稻荷神很靈驗的！」

永吉：「好啊，就這麼決定了。」

南行台灣島

兩人來到位於權現山山腳下的東照宮，參拜完德川家康之後，順朝著一旁山路前行，沿路會先看當金稻荷神社的鳥居，後方則另有五座朱紅色鳥居。他們先到手水舍洗手與淨口，接著再往後頭的神社走去。道路盡頭的稻荷神，為日本掌管農業豐收的神祇，是與日本人生活息息相關的日本神之一。神社的右側有一整排由朱紅色鳥居形成向上的山路，在山林間層層形成為特別的參拜道。

在稻荷神的前方有兩尊狐狸石像，是稻荷神的使者彌習與彌佳。兩人來到神社前，永吉投錢到賽錢箱子中，雙手合掌拍拍三聲，祈求稻荷大神可以賜與一支靈籤，告知夢境所預表示的指引。祈求完後，永吉拿著籤筒搖出一支籤，依據指引所得到的籤詩寫著：「成事在南方。」

就這樣，永吉決定跟平澤到台灣工作。下山時，稻荷神前的那兩尊狐狸石像眼睛彷彿亮了起來。

水圳道

鳥居

當時從廣島到台灣，須先要搭鐵路到神戶，再從神戶搭蓬萊丸到九州的鹿兒島，接著經過南方大島、沖繩，最後才會到基隆港（那時的基隆港。只有簡易碼頭，大船無法入港，只能換搭小船上岸）。兩人坐上火車，穿越獅球嶺隧道後來到台北。在臨時台灣總督府（前清國布政司史衙門）內會見民政長官後藤新平。

後藤拍拍永吉的肩膀說：「磯永吉先生，萬事就拜託你了。」

永吉：「在下將全力以赴，不忘天皇聖恩栽培與後藤長官提拔之恩。」

後藤滿意地點頭：「那就看你們的囉！」遂命永吉於台灣總督府農業試驗場擔任技手之職，與平澤共同進行育種的重要。

獵殺銀狐

永吉與平澤於大正二年（西元一九一三年）在大屯山山麓，發現因火山爆發所形成的天然堰塞湖——竹子湖，他們在那找了一些台灣人合力開闢農場，並以水源灌溉圳道，形成一道道梯田景觀，居間另有幾座茅草屋分散在周圍。竹子湖中有塊黑森林，由於此處地理條件氣候多變，容易有大霧的形成，常常伸手不見五指，當地農民又傳說濃霧是由於狐仙出沒，於是起霧之時，人人皆會走入茅草屋躲避。

明治四十四年（西元一九一二年）七月三十日明治天皇駕崩，享年五十九歲。隨後由皇太子明宮繼位，年號大正，並於大正四年（西元一九一五年）加冕為日本第一百二十三代天皇。大正天皇於同年十一月十四、十五日於東京皇宮舉行登基大典。

由於大正天皇將要舉辦登基大典，台灣總督陸軍大將安東貞美為了進貢賀禮，在總督府內大傷腦筋。後來聽聞草山有一隻特殊的銀狐出沒，於是打算獵殺此銀狐，將其毛皮做為大正天皇登基之賀禮。安東貞美隨即發佈「獵殺銀狐」的公告訊息，捕獲者將賜一百圓賞金。許多獵人得知高額獎金後，紛紛湧入台北城報名獵殺行動，他們備妥狩獵許可、配槍、子彈、禦寒衣物等裝備，一群人浩浩蕩蕩地進入草山（今陽明山）進行捕捉銀狐的行動。

進入草山行動的獵人們，分別於不同入山口進入，晚上常可以聽見槍聲四起，很多野生動物如山羌、帝雉、竹雞、山豬等都死於槍下，成了獵人們的盤中飧。但任憑眾人搜遍整座山，就是找不到傳說中的銀狐。某天有位獵人內田英藏，發現類似犬的腳印大為高興，於是設下陷阱整晚守株待兔。

夜深時，有隻小白狐緩緩經過，腳不甚被內田設下的陷阱補捉。小白狐慌張地想掙脫，陷阱卻越綁越緊，內田在身後悄悄地出現……「碰！」一聲，小白狐應槍聲倒下，內田割斷陷阱將小白狐丟進麻袋中，準備下山請領賞金。

走著走著，內田看到巨岩上有一隻巨大的犬隻身影，他不作聲色地接近那影子，待雲退去後仔細看，發現是一隻大銀狐，毛色在月光下閃閃發亮。「想必這就是銀狐吧！而且還是狐狸之王！」內田興奮地將槍管上膛悄悄地往銀狐靠近。由於銀狐正專心找小白狐，當牠發現獵人的影子時已經來不及，後腳被槍打中，躺在地上大聲哀嚎。

「太好了！太好了！抓到狐狸王與小隻的，這次賺翻了！」內田衝上前，再度將槍口對準銀狐，銀狐吃力地爬起來，緊急閃過那一槍，跳入草叢後便消失不見。內田找了許久都未尋獲，氣憤地說：「可惡！這畜生逃的可真快，賞金讓它給逃跑了！不過等天一亮你就死定了！」

永吉與銀狐的相遇

某天下午，竹子湖梯田正準備放水灌溉時又起了霧，永吉與平澤本來正在查找水圳阻塞的原因，霧的到來，使得兩人走散。

平澤不斷大聲喊：「永吉，你在那裡？」

喊了許久，都沒聽到永吉的回音，心裡納悶著夥伴到底去哪兒了？原來，永吉在走散之後，不自覺進入黑森林中，他隱約看到一棟石頭屋，正想往前走時，看到一隻大型動物倒在地上。仔細一看是隻銀狐，永吉停頓下來。

銀狐怒瞪著永吉：「人類……」

永吉轉身想逃跑時，聽到後面一個聲響，原來銀狐體力不支倒下了。永吉發現銀狐左後腳還流著血，善良的他抱起銀狐走入草屋，生起爐火，拿出背包裡的急救醫護包，為銀狐先做止血，取出獵人的子彈後再做簡單包紮。

約一、二個小時後，銀狐醒來看見永吉的身影，馬上四腳站起做戒備姿態，口中亦不斷發出攻擊的聲音，然而撐沒有多久，虛弱無力的牠又倒了下去。永吉溫柔地靠上前對牠說：「放心吧！我不會傷害你的。你現在需要休息，這陣子我會照顧你，等傷痊癒後，再放你回到山林間。」

「人類到底是怎麼樣的生物？有要殺死我的人，也有要救我、為我治療的人？」銀狐內心想著。

之後幾天，永吉都會悄悄地來到石頭屋，將做好的白色小饅頭用竹籠包覆好後帶來餵銀狐。隨著時間過去，銀狐明白眼前這個人不會傷害牠，才逐漸放下戒心，並且覺得白色的小饅頭十分美味。

銀狐的康復那天，永吉帶著牠慢慢走向門外：

「去吧！回到山林裡，那裡才是你的家！」

銀狐奮力地往前衝，約跑一百公尺後回頭往永吉的方向長鳴幾聲：「喔嗚——喔嗚——」，隨後進入草叢間不見蹤影。

永吉朝銀狐消失的身影揮揮手，「再見了，銀狐……。」

獵犬與白狐之戰

銀狐回到巢穴，焦急等待的狐群夥伴都鬆了一口氣。

黑森林

狐狸：「老大，你失蹤好幾天了我們好擔心！」

銀狐：「小白回來了嗎？」

狐狸：「還沒有耶！可能被可惡的人類抓走了，怎麼辦？」

銀狐走到洞口沉思一會兒，回頭對著狐狸群說：「人類越來越多了，我必須帶你們離開此地，遷移去更遠的地方，尋找我們的天堂。一個沒有人類的地方。」

自從獵人內田將小白狐抓回領賞後，其他獵人們大為轟動，紛紛朝此路線進入。內田用賞金買下幾條獵犬來到山上捉取銀狐。銀狐帶著同伴們正準備遷移時，獵犬聞到牠們的味道，紛紛掙脫內田的繩子，瘋狂地往狐群奔去。銀狐發現獵犬的追擊，趕緊叫同伴們先逃，待牠處理完獵犬後再前去會合。

聚集前來的獵犬眼中都充滿著殺意，銀狐走向前，與帶頭的獵犬首領問道：「為什麼同宗的你們要如此苦苦相逼？我們就要離開這裡了，為什麼就不能放我們走？」

獵犬首領：「少囉嗦，人類給我們吃穿，我們為他們抓獵物是應該的，這世上不需要那麼多狐狸的存在！」

最終戰場：銀狐坡

銀狐：「是嗎？那麼我知道了，我也會全力反擊的！」

銀狐仰天狂叫，一陣紅光將牠圍住，銀狐額頭上的火燄斑紋不斷擴大，身軀也逐漸變大，眼睛轉為紅色，犬齒擴大成了撩牙。此時的銀狐已成為「妖狐」，一場妖狐與獵犬的戰爭即將開打。

獵犬由於數量多，根本不怕眼前這隻怪物，獵犬首領長吼一聲，命令開始進行攻擊。兩隻獵犬狂奔向前，流著口水張開大口準備向獵物撲殺，妖狐很快地咬住其中一隻脖子，並用尖銳的犬齒撕裂牠的身軀，現場瞬間噴出大量狗血。另一隻見及，驚呆在原地還來不及反應，妖狐立刻撲倒向前，牠不斷哀嚎求饒，爪子抓緊地面想要掙脫，卻仍不敵妖狐兇猛的利牙，頓時狗頭斷裂，在身首異處的臉孔上留下十分驚恐的表情。

獵犬首領怒吼：「通通給我上！」

原本恐懼的獵犬們再度被喚醒戰鬥意志，數十隻一齊衝上前去，一隻被咬死，另一隻又往前猛攻。由於數量實在太多，妖狐漸漸感到體力不支，在閃躲時不甚被逮到空隙壓制在地，眼見狗群們即將蜂擁而上……。

「救老大！衝阿！」一群白色小狐狸群衝入戰場，原來同伴們還是擔心銀狐的安危趕回來了。小狐狸們三隻圍攻一隻獵犬進行作戰，哀嚎聲此起彼落，竹子湖上方山谷頓時成為血腥的戰場。就這樣激戰一個上午，小狐狸與獵犬們盡皆傷亡。

妖狐看著自己的夥伴一一倒下，心痛哭喊著：「為什麼？為什麼一定要這樣呢？」

當獵犬首領準備向妖狐做最後攻擊時，內田與其他獵人趕到現場，看見倒在地上數十隻的狐狸大為欣喜，舉起槍一同朝獵犬與妖狐射擊。

一發子彈貫穿獵犬首領的腦袋，牠身體抽蓄著，眼淚也不停直流，在嚥下最後一口氣時，看著也同樣中彈的妖狐，崩潰地大笑：「哈哈哈……沒想到你是對的，人類真的出賣了我們……」說完後即斷氣死去。

「這些狗也不過是狩獵工具而已，狗死了再買就有，白狐們的毛皮可是價值千百倍啊！」貪婪的獵人們開心的不得了，心裡盤算著要用此筆財錢大肆揮霍，一旁獵犬的屍體根本無人聞問。受了重傷的妖狐恢復成銀狐的原貌，牠看著獵人撿拾同伴們的屍體，不斷流淚並發出淒涼的叫聲。突然間，山谷間鳴動了起來，巨大的土石傾洩而下，來不及反應的獵人們來不及逃走，與遍地的狐狸、獵犬屍體一同遭到掩埋。

直至最後，沒有誰是贏家或輸家，只有大自然才是最後的主宰者。

銀狐報恩

銀狐並沒有立刻死去，牠爬起來，搖搖擺擺地朝著山下走。獵人內田也逃過一劫，從泥土堆中掙脫後，看見地上的血跡。「哈哈哈！看來上天還是最照顧我的。」內田拿起獵槍，沿著血跡方向追過去。

銀狐走到與永吉相遇的石頭屋前，在大楓樹旁的石堆倒下。此時，為了調查剛才的山崩巨響，永吉正與其他人分散，獨自一人來到這裡。當他看見身受重傷的銀狐驚訝不已，急忙衝上前檢查傷勢，並難過說著：「為什麼？為什麼？你又受了這麼重的傷？」

銀狐睜開雙眼看見永吉，心中明白眼前的人是好人不是壞人，可是同伴已死、自己也將要死去，也許這就是狐狸族的最終宿命。此時，又聽到了槍枝上膛的聲音。

內田：「放下牠，牠是我的獵物！」

永吉放下銀狐的身軀不得已地往後退，當內田蹲下打開麻袋想裝銀狐之際，銀狐眼神充滿殺氣，瞬間躍起朝內田的脖子咬去。內田一手撫著噴血的脖子，一手驚慌地又朝銀狐的身體開數槍。幾分鐘後內田倒下，銀狐也鬆了口氣，「終於真的結束了」。再度被擊傷的銀狐沒有哀嚎，因看見同伴們都已在天空上等著牠。永吉抱著銀狐的身軀哭泣很久，為了不讓其他人發現銀狐的屍首，將牠埋在石頭屋後方，做一個土堆妥當地掩埋。

數年後，永吉在一次作夢中見到銀狐。夢中的銀狐化做一位美麗的少女對永吉說：「永吉先生，謝謝你為我安葬。如今我得地氣相助已成為神，請你明天來到我的墳塚前，那裡有一株稻穗贈送給你。它是我從稻荷神的寶庫中取得的。希望它能幫助你成功。」

銀狐說完轉身將走之際，永吉呼喊住她：「慢著，請告訴我這種子的名字？」

銀狐：「蓬萊……潔白至高無上的蓬來。」說完後，便消失不見了。

隔天一早，永吉來到銀狐墳前，果然看見一株稻穗，且有一些白米已經灑落在墳塚上，這是沒有發現過的新品種。為了進一步確認與比對，他當天即下山回到台北帝國大學專屬實驗室用顯微鏡進行研究。同年，永吉在台北鐵道飯店（由第十任台灣總督伊澤多喜男主辦）的日本米穀大會上發表「蓬萊米」，讓世人所知。

第一代的蓬來米種子就種在竹子湖，永吉則因稻米育種的傑出研究，獲得台北帝國大學博士學位，他將賺得的獎金捐獻出來蓋「銀狐祠」，以紀念這段奇遇的過程。

磯永吉博士待在台灣共四十六年，是日本戰敗之後，少數被中華民國政府留用的日籍專家學者。他在台北期間，最常去的還是竹子湖。他常坐在那鳥居下，看著夜晚星空點點所形成的美麗銀河，也就是與銀狐最終臨別的安息之所。

日治時代的蓬萊米種田事務所

現今的的竹仔湖蓬萊米種田事務所

台大磯永吉小屋

磯永吉小屋中的博士桌椅

歷史小學堂

1．磯永吉出生於明治十九年（西元一八八六年）廣島縣福安市。明治四十四年（西元一九一一年）畢業於東北帝國大學農業科系。在大正元年（西元一九一二年）受台灣總督府民政長官後藤新平所之邀，來台任職於台灣總督府農業試驗場，與好友平澤龜一郎在草山竹子湖一帶進行試種。直到大正十年（西元一九一二年），磯永吉與徒弟末永仁將新稻米成功改良後，大量提高台灣稻米產量，貢獻厥偉至戰後一九四五年，是少數被國民政府所慰留的日籍農業專家。

2．蓬萊米的命名於大正十五年（西元一九二六年）四月二十四日於台灣鐵道飯店（今台北市中正區台北車站對面，現址為新光三越百貨台北站前店及K-Mall時尚購物中心），由台灣總督伊澤多喜男所召開的日本米穀大會中正式命名。

3．陽明山後山公園鳥居周圍，原屬於日治時期山本探礦株式會社所有，戰後間接移轉至基隆顏家李建興家族。由於蔣介石喜歡草山一帶風景，故李建興再將其捐獻於政府，但此神社缺乏文獻紀錄，至今原貌仍舊是個謎團。

MAP & info.

台灣大學

◆ **交通資訊**

公路　於國道三號行至信義系統交流道下，沿辛亥路三段直行遇基隆路三段左轉可抵台灣大學校區。

捷運　至公館站下車，於 3 號出口至台灣大學校區。而磯永吉小屋則在校內舟山路直行見基隆路四段 42 巷右轉直行約 200 公尺左側可抵。

公車　0 南、1、52、74 於捷運公館站下車

陽明山後山公園

◆ **交通資訊**

公路　國道一號台北交流道下，接重慶北路四段，遇百齡橋右轉直行中正路可接省道台 2 甲線上陽明山國家公園。

捷運　於捷運石牌站下車可搭乘小 8 上陽明山公園。而捷運北投站可搭乘小 9 上陽明山國家公園。

公車

① 陽明山神社鳥居：

搭乘 129、小 8、小 9 於陽明山公園服務中心站牌下車。再步行前往，此鳥居位於花鐘旁王陽明銅像之後方山丘上。

② 竹仔湖：

搭乘小 8、小 9 於竹子湖派出所站下車。沿竹仔湖路可步行至竹子湖地區，在右側可見竹子湖蓬萊米原種田故事館。

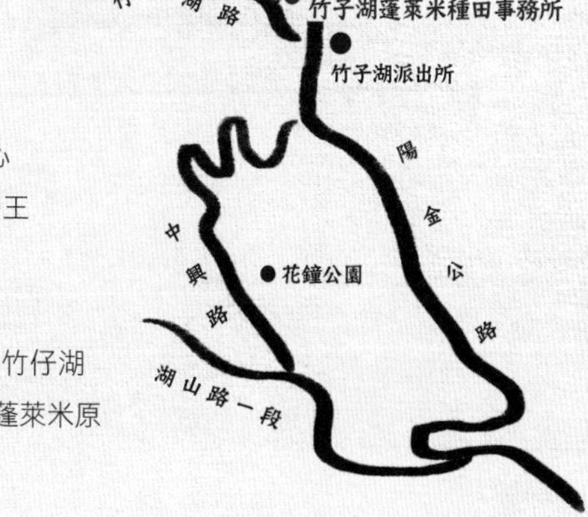

no.
02

絡新婦

西元一九四五年，美軍於廣島和長崎投下原子彈，昭和天皇的決定，影響後來日本整體國勢的改變。「戰爭若持續下去，國家就沒有未來。」這一切的預言來自於他在太子時期，於昭慶寺的一段奇遇……

寺
禪
大雄寶殿

神秘的女人畫像

昭和二十年(西元一九四五年)八月九日晚上十二點，昭和天皇裕仁主持完在東京皇宮地下防空洞的御前會議之後，回到自己的書房，一語不發地關起房門，不想讓任何人打擾。面對大日本帝國即將戰敗的事實，他該如何應對盟軍登陸日本之後的一切？裕仁心想，也許最嚴重的判決是被列為頭號戰犯，將受美國人所主宰，但若自己的一死能拯救日本免於滅亡，那麼一切犧牲也就值得了。

戰爭到底是什麼？對於先前從未親臨戰爭前線的裕仁而言，原本只是一次次來自軍營的會報、地圖上不斷擴大的佔領區域以及未曾實際統計的軍人犧牲數字。真正令他感受到戰爭的恐怖，是同年二月二十三日美軍空襲東京的那晚，燒夷彈燒紅整個天空，地上瞬間化成火海，那是他第一次親眼見到美國轟炸機來襲的景況，也是第一次真正看見了戰爭。前首相東條英機對美宣戰開起日本帝國走向滅亡之路，當時美國總統杜魯門為減少登陸日本本土美國軍人的死傷，使用殘忍的新式武器原子彈。這兩個原子彈分別於八月六日投入廣島(名為小男孩)，八月九日美國再次於長崎投下另一枚原子彈(名為胖子)，巨大的磨菇狀雲帶走了數十萬人的性命。大和民族的滅絕與否，此時存在於裕仁一的念之間。

站在祖父與父親的相片之前，裕仁第一次哭了，因為這是身為王者的孤單，也沒有人可以知道這最後的決定將為日本往後帶來怎麼樣的未來。他掏出手巾擦拭眼淚，身為主權者的他，背負著整體國家存亡的重大責任，而這份孤獨與無助，在面對臣子時，卻得還用威嚴掩藏著。此時，吹起一陣風，突來的風吹倒一卷裕仁親手所繪的圖畫。裕仁蹲下去拾起那卷畫，並將捆在畫作的細繩解開，緩緩拉開的卷軸裡顯露的是一位女子的臉龐。

「真的如同妳說的嗎？」

裕仁想起在二十多年前還是太子時的事，畫中這位女子是他這生唯一真誠的朋友，也是此生唯一畫的[1]女人像。對應著今日的處境，那位女子當時的預言似乎完全成真，裕仁笑了笑。

「別來無恙？慶子？」

昭和太子來台

大正十二年（西元一九二三年）四月十六日，皇太子裕仁應台灣總督田健治郎邀請，搭乘「金剛號」戰艦抵台。對當時的日本帝國來說，台灣是南方的新領地，此次來台除了有宣示主權的政治意

1. 裕仁一生只畫了一幅女人像，他的書房內除了明治天皇相片、大正天皇相片、拿破崙像、林肯像與乃木配劍外，還有這幅跟著他數十年珍藏的手繪圖像。喜歡生物的裕仁在小時候已練就素描畫的功力，留下的多是昆蟲畫作。他特別喜歡有盔甲的甲蟲武士。若他不是生在皇室，想必是一位傑出的生物學者。只是命運的安排誰也不能預料。

味，另一方面，也藉由台灣總督府自馬關條約後，殖民新政二十五年的成果做為宣傳。

船隻首先航行到鹽寮沙灘，岸邊有一群小學生在老師的引導下朝軍艦鞠躬行禮，裕仁在甲板上揮手回應，平靜的海水面在陽光反射下閃閃發亮。金剛號鳴笛數聲後，緩緩駛離朝基隆港駛去，下午於基隆港外海下錨，裕仁在基隆港外海轉搭接泊的小船入港，在港邊軍樂隊的演奏下，許多民眾持「日之丸」去基隆港邊為裕仁太子歡呼。

裕仁站在甲板上拿起帽子向群眾示意後，隨即走入基隆車站，搭乘皇室列車展開巡視台灣十二天的旅程。此輛列車為台灣總督府特別打造，車廂外鑲有屬於皇室的菊花紋徽章，車廂內則都是用上等檜木與柚木裝潢，內部還有一套沙發、衛浴與床鋪供太子使用。

火車鳴笛數聲，緩緩向前行進。裕仁走進車廂坐在沙發上，背後緊跟著的是侍從武官蓮沼。

裕仁：「蓮沼，到台北再叫醒我，我累了想休息一下。」

蓮沼：「是，殿下舟車勞頓辛苦了，若需要服務請隨時吩咐。」

蓮沼向太子殿下鞠躬行禮後離去。裕仁脫下白手套放置在桌上，再將繫在腰間的「乃木劍」放下。這把由明治天皇御賜的乃木劍，是裕仁太子的恩師——乃木希典將軍所有，由於乃木希典帶領軍隊戰勝俄國，明治天皇將此佩劍贈與給乃木將軍做為獎賞，劍鞘旁還刻有「乃木希典」四個大字。

明治天皇駕崩後，準備舉行國葬之際，乃木將軍為貫徹武士道信念（終身只侍奉明治天皇一人為君），於喪禮前兩天拜訪裕仁太子，辭別後回到故居與夫人一同用明治天皇所賜的劍切腹自刎，追隨天皇而去。乃木夫妻被發現時，原本潔白發亮的長刃卡在乃木的脖子間，凝固的血液沾滿刀峰，也攝入了靈魂。乃木夫妻為明治天皇捨生的殉道精神，不僅為日後武士道精神的象徵，亦被被封為日本的護國軍神。裕仁在乃木夫妻葬禮後，取走乃木劍隨身佩帶，以不忘恩師的栽培與付出。

一病不起的太子

當日於台灣總督官邸接受晚宴招待後，裕仁在車廂臥房裡休息。黑夜中有一輪皎潔的明月，突然有片雲不知從何處飄來擋住月光，已經累癱的裕仁沒有發現此情景。

接連幾天都是緊湊的巡視行程，二十日在南下嘉義的途中，裕仁開始感到不太舒服，但仍強作鎮定地進行巡視安排。一夥人來到大埔林觀音亭紫蓮庵（今昭慶寺）參拜，紫蓮庵的門外有幾株大樹，樹上棲息許多生物，某一株枝幹上有隻蜘蛛，看見龐大的陣勢沒有驚慌離開，反而緩緩地向前爬行，詳細觀察眼前的人群。

繞過前方的蓮花池畔，裕仁走到大殿向三寶佛（中間釋迦牟尼佛，左邊藥師佛，右邊阿彌陀佛）參拜，但在參拜完轉身之際，裕仁卻倒了下去，嚇到所有隨從。眾人急忙將太子移至右廂房暫歇，隨行醫官看診之後，依據發高燒、冒冷汗、抽蓄等症狀，推測疑似得到瘧疾，即請憲兵隊通報台灣總督府，請求台北病院（今臺大醫院）之專業醫師前來協助。

台灣總督田健治郎接到訊息大為震驚，遂下令台北病院立即組成醫療團隊隨，前往大林治療太子。裕仁在醫官用藥打針後，意識稍微清醒，但是身體依舊虛弱，原本預定的行程只能待康復後再繼續進行。那一晚裕仁睡得很沉，白天在紫蓮庵外樹上的蜘蛛，此時出現在廂房之內，牠的眼睛閃起紅光，嘴巴前的兩個獠牙開了又闔，八隻腳在蜘蛛網上不斷蠕動著。

裕仁之夢

昏睡中的裕仁做一個很特別的夢，夢中的他走在一條道路中，沿路往前，看見斜坡前面仿佛有盞燈在亮，似乎是某戶農家。難得身旁沒有隨從，裕仁覺得輕鬆許多，他走到門前敲敲門，破敗茅草屋裡傳來一位年輕女子的聲音：「是誰？誰在敲門？」

雖然是太子，但在這窮鄉僻壤還是改個名字以備安全。裕仁輕咳後說：「我叫星野壽一，路過此地夜深此求一宿。」

「那就讓你借宿一晚吧，我來開門。」

門緩緩打開，走出來的是一位穿著類似中國唐裝的藍衫女子，頭髮挽在後面束起一個髮髻。她的皮膚白皙，有著一雙似鳳眼的美麗眼睛，鼻子與嘴巴都十分小巧精緻。裕仁看得著迷，杵在那一動也

1｜2
3

1. 昭和天皇像　2. 日治時期所建的靈骨塔。
3. 昭慶寺內榕樹上的女人瘤。

不動。

「星野先生請入內吧！」女子看到裕仁的反應，摀嘴笑著。

「抱歉我失禮了，請問您的名字是？」回過神的裕仁不好意思地抓了抓頭髮。

「叫我慶子。」

「慶子？」

「是的，荒木慶子。」

「慶子，妳怎會一個人住在這？這麼窮鄉僻壤的地方？」

聽及此，慶子用淚眼汪汪的眼神看著裕仁，楚楚動人的哭泣樣貌在月光下更顯動人。

「我自幼父母即身亡，由於倭寇入侵只好到處逃離，倖存在這隱密的山林間偷生。」

「真是了不起的女子。」

「如果星野先生不嫌棄的話也可以在此住下，兩個人有伴也好作陪。」

裕仁點點頭：「好。」

裕仁就此住了下去，在夢中的裕仁日子過得相當愉快，他隨著慶子耕田，撿柴，雖曾因為不會生火被取笑，但仍過得相當自在滿足。

有一次，他們來到小溪旁，慶子帶著大臉盆裝盛滿衣服準備去小溪洗衣，裕仁看見附近有許多花草，停下腳步，仔細端詳後一一說出花草的名字，讓慶子為之驚訝：

「星野先生你好厲害喔！為什麼你都知道這些植物的名字？」

「因為研究生物是我的興趣，在我家有很多很多的生物標本。」

「真的嗎？好想看看喔！」

裕仁喜孜孜地看著崇拜他的慶子，心裡從沒這麼開心過，因為慶子是他一生中第一位真正的朋友。出生在帝冑之家的裕仁，只能與三位弟弟（分別是雍仁、宣仁與崇仁）共處生活，被立為皇太子的他，自小就被教導帝王之術，不能輕易露出自己的心情，必須面無表情地看著一切，不能大哭也不能大笑，只能用沉默來表示自己的威嚴。

帝冑之家的生活

裕仁太子於明治三十四年（西元一九〇一年）四月二十九日，出生在東京赤坂區青山御所，父親是皇太子嘉仁親王（後來成為大正天皇），母親是皇太妃九條節子（後來成為貞明皇后）。在裕仁誕生的前幾天，聽說夜晚的皇宮天空，常飛來一只金鳳凰顯露佇立在皇宮上方，在出現一道紅光不久後即消失蹤影。

裕仁在出生七十天後，就被明治天皇送往海軍中將川村純義家中寄養，六歲進入皇室學習院中學習，院長正是乃木希典。由於大正天皇體弱多病，為鍛鍊裕仁堅強的體魄，即使在寒冬中，乃木仍進行嚴格的訓練。

騎馬是裕仁在幼時最害怕的項目，面對眼前高大的馬，總讓他不寒而慄。有次因駕御不當不甚摔下，乃木並沒有下馬扶起裕仁，反而在馬背上嚴肅地說：「太子殿下，未來要領導大日本帝國的是你，所以凡事不能依靠別人只能相信自己，唯有堅強的意志與體魄才能克服一切困難的到來。」

因著皇太子的身份，讓身邊的人都只敢對他必恭必敬，唯一只有小一歲的弟弟雍仁，敢與之對抗。不過也因為兩人個性大不相同，遇有爭執時雍仁都得被迫道歉，也因此埋下未來兩人不合的種子。在孤寂又刻苦的成長過程裡，祖父明治天皇的過世以及恩師乃木希典的自縊，對他造成很大的衝擊，內心裡也感到越來越孤獨與寂寞。

「難道這就是生而為皇的宿命嗎？」裕仁常如是想著。內心孤單的他雖然對旁人冷漠，卻非常喜歡生物，以及大自然中的事物。他採集許多標本，並在皇宮內設立生物研究室與標本館，這些不會說話的生物反而成為裕仁最常傾訴的對象。

乃木希典的守護

夢中的裕仁，就這樣一直過著平民般的安逸生活，他能開心地牽起慶子的手，漫步於花草之間；他能說著不拘禮節的話，不去管任何禮節教條；他不論做什麼事，慶子都會給他肯定的笑容。裕仁心想，若能就此安住於此度過一生也無所謂，只要有慶子在，什麼皇宮與大臣一點都不重要。

另一方面，台灣總督田健治郎指派台北病院醫生團隊連夜南下大林，再另行驅車前往圓山臨濟護國禪寺。臨濟護國禪寺的住持梅山玄秀法師，接獲太子病重的消息後，在大殿中點亮火燭，坐等總督來到。總督趕至，告知太子殿下得重病請求法師能為之祈福，並能隨即舉行祈福儀式。

法師換上純白的袈裟，手持念珠，恭敬地跪在佛像前施展法術。透過天眼，法師看見有股青色妖氣籠罩著大埔林觀音亭紫蓮庵，廂房內還有一隻眼睛發紅的蜘蛛緩緩地在太子身旁移動。

「是絡新婦！這蜘蛛女妖想要對太子殿下不利！」法師念起咒語，雙手合十繞著念珠，左右手交互敲打缽和木魚，口中持續念咒。

紫蓮庵廂房內的乃木劍不斷晃動著，刀緩緩地被一個人影拔開，形成一道赤紅色的火燄。黑雲退去，月光照耀出拔刀人的樣貌，他留著白色落腮鬍、頭頂軍帽，原來正是護國軍神乃木希典。

受法師召喚的乃木希典眼露青光，用乃木劍往裕仁的身後砍出一道時空裂縫，隨後進入裂縫拯救太子殿下。

慶子的原形與預言

乃木希典朝向慶子的家走去，到草屋前用刀一揮劈開木門。屋內的慶子看到這位不速之客，大喊：「你是誰？好大的膽子敢闖入這裡！」

「可惡的妖怪，竟然敢迷惑太子殿下！受死吧！」

乃木希典高舉充滿赤燄的刀朝慶子砍去，被劍氣所傷的慶子化出原形，背後的衣服爆裂開來，伸出一隻隻巨大的蜘蛛腳，以上半身為人、下半身為蜘蛛的模樣朝向乃木希典吐出白絲。乃木希典將蜘蛛絲掙脫，並砍下慶子的一隻前腳。

「可惡阿！」慶子痛苦哀叫，在尾部不斷吐出宛如白色的一顆顆蜘蛛卵。數不清的小蜘蛛破卵而出將乃木希典包圍，慶子吐出強刃白絲奪走乃木劍，再將乃木希典困在巨大的蜘蛛網上。

正當慶子拾起劍欲殺乃木希典時，一個聲音從她的身後傳出：「住手！」是剛撿完柴回來的裕仁，看著慶子的妖怪原形，眼淚不斷從臉頰滑落。他失落地問：「為什麼？為什麼妳要騙我？」

慶子轉身，對裕仁說：「不為什麼，當年日本軍隊入侵大浦林村莊，我的父母都死於你們手上，而我也投入潭中葬身於內。我死之後靈魂就附著於蜘蛛之身。沒想到你的出現讓我有了報仇的機會。看招！」

就在慶子準備向裕仁展開攻擊時，在臨濟護國禪寺大殿中的梅玄法師念出真咒，一股強大的火燄將裕仁圍住，火燄中探出一隻金色的鳳凰。金鳳凰用巨大的火球燒毀所有的蜘蛛網與困住裕仁的幻境，小蜘蛛軍團也一併燃燒殆盡。

乃木希典重新取得乃木劍後朝慶子砍去，慶子的上半身與下半身分離，下半身的腳皆被斬斷。乃木希典踩在慶子的身上，正要進行斬首時，裕仁出聲阻止：「放了她吧！恩師！」。

乃木希典停下刀，趴在地上的慶子驚訝地問：「為什麼不殺了我？」

「我的軍隊殺了妳的父母，滅了妳所住的村莊與村民，妳的恨我無法彌補，我也不忍心再殺妳！妳是我唯一的朋友啊！」

「唯一的朋友？」慶子想起，自己生前是獨生女，也是在沒有朋友的狀況下長大，而第一個朋友也是裕仁。慶子心中充滿復雜的情緒，用最後的力氣握著乃木劍朝自己的脖子斬下。

裕仁見狀，急忙跑去接住慶子的身軀：「為什麼？為什麼妳要這樣做？」

慶子邊顫抖邊說：「星野先生？不，應該是太子殿下，我無法忘記日本軍隊的恨，但是我也忘不了你是我第一個朋友，一個相誠以待的朋友。如果今天放我離開，我勢必又會朝你報復。已經死過一次的我，再死一次也沒有關係。但你是國家未來的天皇，有你的使命，我只告訴你一件事，不要再讓戰火發生，不然你的國家將會毀於一旦。」

裕仁緊握著她的手，不斷流下的眼淚滴落在慶子臉頰上。

「謝謝你，真的好溫暖……。」慶子閉上眼睛，身軀化成一顆顆的光點消失在裕仁眼前。

裕仁緊抱住頭難過哭泣，稍微平靜之後，乃木希典走到他的面前：「太子殿下，能救自己的唯有自己，腳下的臣民就是你的依靠。你是未來的天皇，身為天皇就要有大國領導者的果斷與氣魄，君王最重要的莫過於承擔一切責任的勇氣，對與錯交由後人評斷。」

裕仁抬起頭：「銘記恩師教誨！」

「回去吧！天亮了，大日本帝國下的臣民還在等著你呢！」乃木希典舉起乃木劍朝天空一劃，裕仁隨著光吸入裂縫之中。

南無阿彌陀佛碑

二十一日早晨，陽光穿過樹梢照入廂房，裕仁被陽光的熱度喚醒，他眨眨眼，眉頭深鎖著，眼角似乎還遺留著淚痕。裕仁緩緩坐起，看見乃木劍倒下的地方，刀鋒正好斬死一隻蜘蛛，他用手將蜘蛛包覆在白手巾中。

不久後，蓮沼端著早齋進門，看見裕仁已穿戴完整，左腰間配戴乃木劍精神奕奕地站立著。

「太子殿下，您康復真是太好了，昨夜台北病院的醫生們連夜的治療果真有效。」

「煩勞他們了。蓮沼跟我出去一下去附近的一個湖。」

「湖？什麼湖？」

「叫當地人帶路，這附近有一座湖。」

「是的，太子殿下。」

裕仁坐上專車，跟隨軍隊一齊到大林糖廠附近，當地人所稱「鹿窟溝」的地方。裕仁下車朝湖邊前進，隨從紛紛緊跟在後頭。到了湖前，他喃喃自語說著：「慶子，我到了妳所說的湖了，如果妳願意讓我幫助，請讓我找到妳的屍骨，為妳安葬吧！」

話說完後，有一隻野鶴飛過來落在不遠處的石頭地，用鳥嘴啄著一顆白色石頭。裕仁朝那方向走去，蹲下來用手挖掘石頭地。這樣的舉動嚇壞身旁的侍從，紛紛欲上前阻擋，但裕仁嚴厲地說：「每一個人都給我站在原地，不准阻擾！」

一聲令下，沒人敢有任何動作。裕仁繼續挖，漸漸挖出整具女性的屍骨，請蓮沼準備白布進行完整包覆後，再命令當地官員重新火化並下葬於紫蓮庵旁，建「荒木慶子供養塔」入祀，立塔人署名為裕仁。

裕仁離去前，發現慶子屍骨旁的一顆巨石上，標有「南無阿彌陀佛」六字箴言，他朝石頭膜拜：「安息吧！為戰爭而亡的靈魂！」

昭和時代的來臨

四月二十七日，裕仁太子結束生平唯一一次的台灣巡行之旅。在船上，他眺望台灣島消失於海岸線後，才走回廂房，拿出紙筆開始畫著慶子的面貌。

三年後，大正十五（西元一九二六年）年十二月二十五日上午一點二十五分，大正天皇因心臟痲痺駕崩，終年四十七歲。其遺體葬於東京多摩陵，大正時期正式劃下句點。大正天皇去世後，裕仁登基繼任皇位，並以中國古籍尚書中「百姓昭明，協和萬邦」一句，立年號為昭和。

昭和天皇於昭和三年(西元一九二八年)十一月六日由東京皇宮出發，四天後至京都紫宸殿，十日於京都御所舉辦加冕儀式並正式接管三件神器，十一月十四日舉行登基大典。登基結束後，昭和天皇走出皇宮接受百姓的朝拜。

「朕乃昭和！」

「萬歲！」

「萬歲！」

臣民連聲歡呼，迎接嶄新時代的到來，這位即將改變世界與東亞和平的王者，此時此刻從沒想過，在不久的將來，會帶領大日本帝國走入戰敗的深淵。

昭和天皇登基後，對台灣所下的第一道詔書，是將大浦林觀音亭紫竹庵命為「昭慶寺」，其名取「昭」與「慶」以紀念一段過去的友誼。昭慶寺也於昭和年間，在天皇的加持下成為台灣八大佛寺之一，得到官方的維護。直到戰後因管理權的紛爭已荒廢多年。

南無阿彌陀佛石碑

供養慶子的日式五輪塔

鹿窟潭

歷史小學堂

1・昭和天皇，名裕仁，是日本第一百二十四代天皇。生於西元一九〇一年四月二十九日，歿於西元一九八九年一月七日。於西元一九二三年四月十六日應台灣總督田健治郎邀請來台巡訪，一共十二天的視察之旅。在當時各地建有太子賓館即是為招待此時所設，史上稱此為「東宮行啟」。裕仁從基隆到高雄繞行整個台灣一圈，為紀念此一歷史，遂在向天山設立「皇太子殿下行啟紀念碑」。斗六亦有「行啟紀念館」做為歷史見證。

2・昭慶禪寺，原名為「大普林觀音亭紫蓮庵」，創建於清朝嘉慶六年。在日治時期曾名列台灣八大名寺之一。傳聞裕仁太子於大正年間曾來到於此過夜。更因為在裕仁登上皇位後欽命為昭慶禪寺而聲名大噪。寺中有目前筆者發現台灣唯一的日式供養塔，在大雄寶殿前方大榕樹中，有一人形樹瘤相當珍貴。二〇一八年七月，新的管理委員會成立，計畫拆除老舊破損寺廟，重新規畫蓋新廟。

3・大浦林戰役，在中日甲午戰爭簽訂馬關條約之後。大日本帝國派遣近衛師團從基隆登陸一直向台南進軍，於今嘉義大林一帶發生激烈戰鬥史稱「大浦林戰役」。

4・阿彌陀佛廟。於西元一九一六年設立於鹿窟溝大池旁。傳說鹿窟溝有許多因為溺斃而死的冤魂，故設立阿彌陀佛石作為鎮煞。

MAP & info.

大林觀光地圖

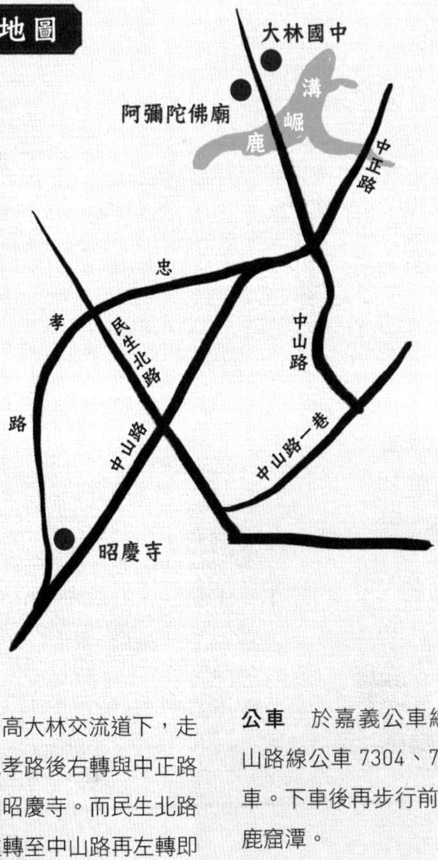

◆ 交通資訊

國道　國道中山高大林交流道下，走民生北路見到忠孝路後右轉與中正路交叉口即可見到昭慶寺。而民生北路下見到忠孝路左轉至中山路再左轉即可來到鹿窟溝與阿彌陀佛廟。

鐵路　至大林火車站下車可步行中山路往鹿窟溝與阿彌陀佛廟。回頭再沿忠孝路直抵昭慶寺。

公車　於嘉義公車總站可以搭往梅山路線公車 7304、7315 於昭慶寺下車。下車後再步行前往阿彌陀佛廟與鹿窟潭。

◆ 住宿資訊

在大林火車站右側有一「佳賓旅社」可供住宿。

地址：嘉義縣大林鎮平和街 13 號。

電話：05-2652-134

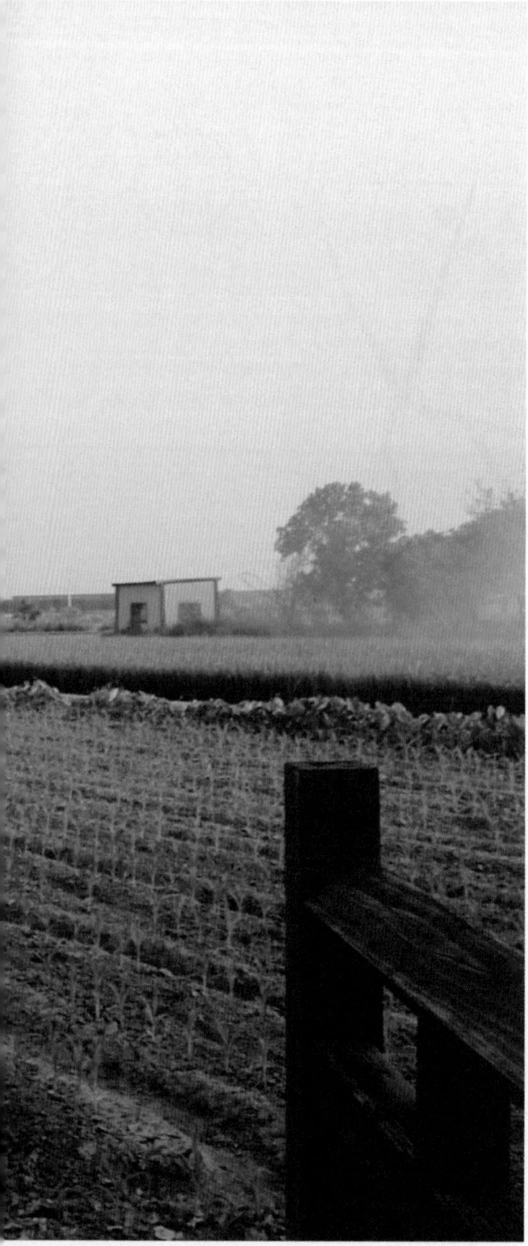

no.
03

龜佛童子

八掌溪曾經的氾濫侵襲，
在一位少女與神龜相遇後，
就此有了改變……

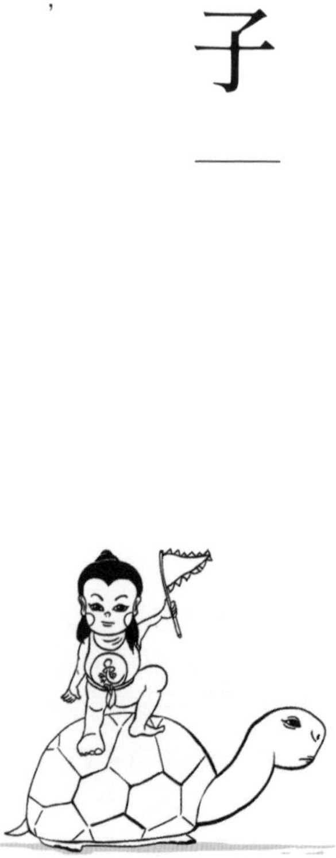

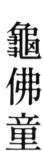

大正三年（西元一九一四年）一位住在八掌溪北側鹿草庄頂潭派處所的三橋太太，因應新曆年即將來到，帶女兒去八掌溪南岸的菁仔寮街採買年節用品。她們搭乘一艘有著八隻船槳的老舊木船渡溪，在金德興藥鋪買些漢藥及其他年貨後便返回頂潭村。

回到頂潭村岸上，三橋太太的女兒發現岸邊不遠處，有一隻龜身朝天且不斷掙扎的烏龜，她走過去將龜身翻過來，烏龜將脖子晃兩下似乎表示感謝，而後緩緩地爬行離開。當然女兒並沒將這件事放在心上，隨著日子久也就遺忘了。

某天，八掌溪因颱風來襲，三橋巡查召集村民去修堤防。但因溪水暴漲甚劇導致河堤崩裂，大量的溪水衝入頂潭村，許多村民被洪水沖走，幸運的人爬到大樹，但也有許多人因此成為亡靈。三僑家也被洪水沖毀。三僑太太抱住木頭於水面上漂浮，急著找女兒的身影。

當她好不容易看見女兒的身影時，發現有位踩在大龜身上的童子游向女兒身旁，大龜擋住水流，童子將女兒拉上龜背，朝往安全的地方走去。女兒吐幾次水後醒來，看見這位發著白光的童子，問道：

「你是誰？是你救了我嗎？」

「還記得前些日子，妳幫一隻烏龜翻身的事嗎？」

「有點印象……。」

「那隻烏龜就是我，如今妳遭遇災難，所以我特地前來報答恩情。請記得告訴村民，在水災過後務必修繕龜塔之事。」童子放下女兒駕駛大龜朝向河堤缺口，大龜的身體剛好擋住這段缺口，童子則立即消失不見蹤影。

這場洪水之災因為堤防缺口擋住，讓許多人得救。有位耆老表示是龜佛顯靈，他帶著幸運獲救的村民向龜石進行膜拜。水災過去後，村民修繕龜佛塔，並在上面放置一尊當年拯救村莊的大龜像。戰後，國民政府為防洪加蓋更大的堤防，石龜像也因此被包在堤防裡面。如今，只留下龜塔回憶著那段日治時期的奇遇故事。

歷史小學堂

1．龜塔公園：龜塔建造於清代，現存龜塔為日治時期所建造。主要用途在於防患八掌溪水患鎮水煞之用。

2．菁寮老街：在清朝年間因位處於南北交通要道而繁榮的街肆，為嘉義到台南府城的官道驛站之所在，現存一些清代古老木造屋。

龜塔頂端的石龜像。

龜塔公園。

MAP & info.

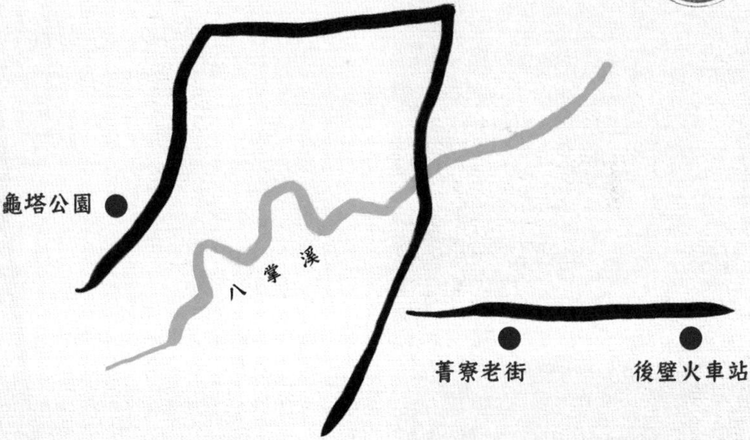

龜塔公園

公路　由國道一號水上交流道下抵鹿潭之後，沿 163 縣道直行過頂潭村後可以抵達位於左手邊的龜塔公園。

大眾運輸　於頂潭站下車，搭乘 166、7207、7208。

菁寮老街

公路　由國道一號水上交流道下，沿嘉 37 線道接到八掌溪二橋直行即可以到達菁寮老街。

大眾運輸　於後壁火車站下車新營客運搭黃 6，在西菁寮站下車。

no.
04

水虎

大林有座神祕的怪潭，
一位孤兒因在此自殺變成水虎，
就此成為生人勿進之地……

畜魂碑
昭和六年辛未仲春
大林屠畜者一同敬立

水虎的誕生

昭和五年（西元一九三〇年）嘉義大林庄有座名為「鹿窟潭」的天然湖泊，相傳平埔族人曾於這座湖泊附近發現大量梅花鹿族群的蹤跡，日治時期卻因一位「水虎」的妖怪，轉變成讓人聞之色變的水鬼怪潭。

水虎生前是嘉義製糖工廠員工的孩子，因某次工場鍋爐發生意外，父親失去生命而變成孤兒。相依為命的父子如今只剩下讀小學的他必須一個人生活，加上因在學校受到同學的欺負，起了輕生念頭而跳潭自殺。在潭中身故後，男孩得到地氣轉化成水虎，全身充滿鱗片，眼窩處有著極深的黑斑，手腳皆是利爪，膝蓋則似虎爪。

不久後，許多附近農家的家禽陸續死於非命，死去的家禽身上皆有被利爪所傷的傷痕與可怕的咬痕。也曾有一群孩童在大林糖廠看到潭邊有位男孩在蹲著哭泣，當好奇靠近時，男孩卻忽然化成妖怪，轉身用利爪抓住跑得最慢的孩子，將其拖到潭裡溺斃至死。

恐怖事件陸續傳出，居民紛紛告誡孩子千萬不能靠近潭邊。大林製糖廠廠長召集幹部，討論該如何處裡這個水鬼事件，最後決定到竹崎德源禪寺，請求高僧義敏法師前來除妖。

大林糖廠廠內。

大林鹿窟潭。

法師鎮妖

已近六十歲的義敏法師答應廠長的請求，搭車一同回到大林製糖工廠。經過橋面時，義敏法師突然望向一片空地，在請求停車後讓廠長等人先回到屋內休息，並表示自己隨後就到。

原來他發現水虎又化成孩童的模樣，蹲在地上畫畫。當水虎發現後面有人，轉身又要再化成妖怪攻擊時，義敏法師已舉起禪杖重擊，水虎不敵法力被彈飛倒地，雖想快速逃離至水裡躲藏，但義敏法師凌厲的攻勢讓牠來不及反應，被困在由佛珠所設的封印之中。

義敏法師發現眼前這只妖怪本性非惡，導致今而形成的原因，也是因為被欺負所致。義敏法師走向水虎，蹲下來溫和地說：「可憐的孩子，我願意當你的朋友。」水虎感受到自己被理解，原存於內心的良善被喚醒，所有鱗片全部退散，外觀也還原成生前的模樣，不再有戾氣。

水虎被超渡後，義敏法師建議於鹿窟潭邊設一水神祠，供奉亡靈保佑合境平安；另於昭慶寺旁的空地將家禽屍體蒐集體焚燒，再立畜魂碑由義敏法師超度誦經以安慰亡靈。自此之後，該地再也沒有小孩溺斃或是家畜死於非命，總算恢復原有的安寧。

德源禪寺。

水虎將軍神像。

歷史小學堂

1・大林糖廠原名嘉義製糖工廠，創設於大正二年（西元一九一三年），在西元一九三五年併入大日本株式會社，改名為大林製糖所，戰後歸台糖所有。於西元一九九五年七月正式停產。

2・大林畜魂碑：位於大林鎮中正路嘉義縣政府消防局第二大隊大林分隊消防隊旁邊的畜魂碑，是大林屠宰業者於昭和六年（西元一九三一年）所立的。

3・義敏法師：俗名周春木，光緒元年生（西元一八七五年），在日治時期與其徒永定法師一同開創大岡山超峰寺派而繁盛一時，曾在台灣南部留下許多足跡。在嘉義竹崎重建當時的「清華山觀音亭」，今更名為「德源禪寺」。

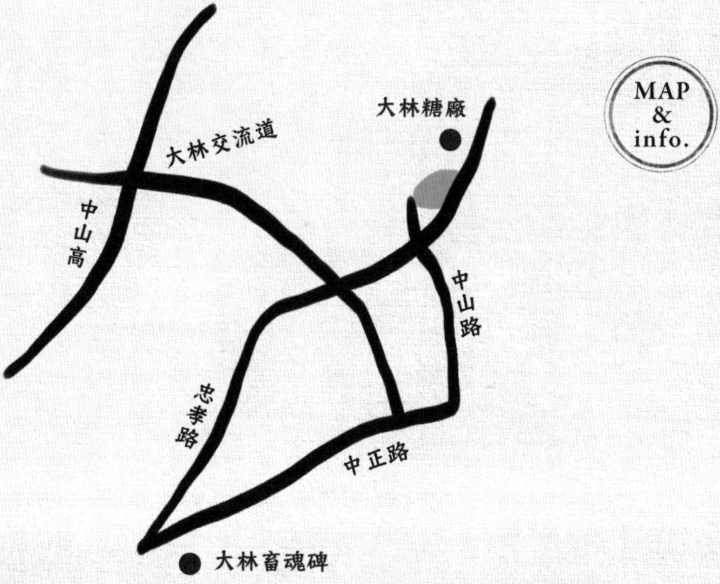

大林糖廠

嘉義縣大林鎮大林里 399 號

公路　於國道一號大林交流道下，沿縣道 162 號民生北路往大林市區方向前進，見到省道台一線忠孝路後左轉直行，再到中山路左轉即可抵達大林糖廠。

鐵路　於台鐵大林火車站下車，出站後沿中山路直行即可抵達大林糖廠。

公車　可搭乘 6880、7005、7700、7701 號公車於大林電信局下車步行至中山路右轉直行可抵。

大林畜魂碑

嘉義縣大林鎮中正路 158 號

公路　於國道一號大林交流道下，沿縣道 162 號民生北路往大林市區方向前進見中正路後右轉即可抵達，大林畜魂碑在消方隊左側後方。

鐵路　於台鐵大林火車站下車，沿中山路見中正路後左轉直行即可抵大林消防隊。

公車　搭乘客運 6880、7700、7701 號於昭慶寺下車往北步行即可抵達大林消防隊。

no.

05

無臉佛僧

一位隨軍遠征太魯閣族的軍醫，回到家鄉後退伍出家。為弔慰亡靈，他選擇到新城奉獻，卻在圓寂後找不到該去的地方成為遊魂……

新城之殤

明治二十九年（西元一八九六年）九月，台灣東部發生一起日本駐軍強暴太魯閣婦女的事件，太魯閣族為報復，前去日軍監視哨殲滅十三名日軍，每名士兵被發現時皆身首分離，頭部不知去向。台灣總督府相當震怒，派遣大日本帝國海軍葛城號砲轟立霧溪出海口沿岸，並指派陸軍登陸鎮壓反抗的太魯閣族。由於當時的太魯閣族缺乏先進武器導致族人死傷慘重，只好逃至立霧溪上游躲避，史稱「新城事件」。

不久後，新城一帶爆發瘟疫，當年任職陸軍少尉醫官的竹野川一負責清理與防疫的清掃戰場工作。天性仁慈的竹野不拿槍殺敵，而是以醫學的專長報效國家。然而看著戰爭時陸續送進臨時醫療站的受傷士兵，他感嘆地想：「無論敵我誰不是父母生的呢？為什麼人間要如此互相殘殺而不能和平共處？」在清理戰場時，那些被火砲炸死，身軀四分五裂的太魯閣族僵硬的屍首，以及與那不再閉目的臉孔景象，都深刻地印在竹野的腦海裡揮之不去。

「南無阿彌陀佛，願施主放下人間的罣礙，前去西方彼岸淨土。」

竹野口念佛號，左手膜拜亡者，右手輕輕地為死者闔上雙眼，將所撿拾的殘缺屍塊收入屍袋中。日本政府在新城設立一個簡易的火葬場，屍體被潑著煤油搭在簡易的木架上，再丟下送行者火把。無論生前如何敵對互相殺戮，死後不分你我皆成一剖白灰，應該要無差別平等回歸原位才對。

「陣亡的日軍士兵會分裝成骨灰箱後送至生前的家，那死去的太魯閣族呢？他們生於斯不也就應葬於斯嗎？」竹野找了一塊地挖坑，將羅難的太魯閣族人骨灰埋入，再立簡單的碑以待後人追循。只是那個碑在後續的戰爭中被損毀，因為勝利者無法容忍叛逆者任何存在，那怕是一小點的遺跡與紀錄。

從此處生，由此處結

明治三十年（西元一八九七年）三月新城瘟疫受到控制，疫情漸漸安定下來，竹野隨陸軍回到日本後即辦理退伍，在家鄉的福井縣「永平寺」出家。他始終無法忘記戰場上羅難者的樣貌，內心也不斷地浮出那些死前掙扎著的臉孔。

那年是個寒冬，寒風雨水相容後吹出白雪，降落的雪掩蓋住禮佛參道。永平寺入口旁的石柱上寫著「杓底一殘水，汲流千億人。」也被白雪掩蓋住。兩天後大雪停下，太陽出來了，被埋在雪堆中的天地菩薩也露出頭來。鳥兒趁著天晴尋找食物，飛到石觀音的頭上，對鳥來說，觀音像只是個佇足的點，一切有形的像不過只是人類付予它們的意義，在自然界中不分你我，同樣是永恆的存在。

高聳的杉木林道前方有一盞無盡石燈，其燈火從建寺至今從未熄滅，歷代許多佛僧皆曾至此點燃燈火。點燃的火燄代表著光明的永恆，照亮的是有形的空間，無形的是勉勵修行者秉持釋迦牟尼佛所揭示的不滅真理。

竹野出家後，其師父若妙法師賜名法號杉山。雖已出家修行，但每天晚上的惡夢仍讓杉山無法入眠，他常在早課過後一個人待在大庫院內靜心打坐，祈求除掉內心的罣礙；每日抄讀經書時，也一直試圖找到解脫恐懼的法門，卻一直無法找到。那時的他還無法理解，佛的本義就是「放下執著，我執才是一切罣礙之始」，很多人沉溺於念佛抄經卻忘了佛陀世尊教誨的本義，讀遍萬卷書而無內省，等同於只是在原地空敲木魚念佛號打轉而已。

由於杉山每晚皆因惡夢驚醒，擔心的師兄弟們陸續通報若妙法師。有天，若妙法師在早課過後獨留杉山下來。

「杉山，你的事我聽說了。」

「真是抱歉，為諸師兄師弟造成困擾。」

「我知道你努力用功於佛學經典，但是也許佛典並不能找到你的答案，去回想在發生惡夢之前，到底那件事才是主因？因果皆是有原因才導致果的承擔。」

「師父，不瞞您說，我曾到過台灣，親眼所見島內因戰爭而傷亡的生靈。他們生前驚恐最後的樣貌在我內心無法抹去。我不知道什麼才是我的解脫之道。」

「若是從此處生，必到此處才能得到所謂的答案。」

「您的意思是叫我再回到台灣？」

「正是。那裡想必佛會安排一位為你解開束縛的智者出現。」

再次降臨的考驗

大正四年（西元一九一五年）七月，鎮壓太魯閣族戰爭之役結束後，台灣總督府派人至曹洞宗大本院，請求若妙法師能派一位佛僧前往新城之地布教以安撫人心。若妙法師答應台灣總督府的請求，於當夜召見杉山，告知將派任他前往布教的任務。

「從最初之始找尋初衷，從中去解脫一切無盡的罣礙。」若妙法師在黑夜中明亮的燭台旁，寫下這句贈送別語，杉山恭敬地接下。隔日雞啼鳥鳴時分，杉山背著簡單的行囊隨著台灣總督府的官員拜別法師。用完早齋，早課的鐘聲響起，走出山門的杉山轉身行禮。他心中明白，這一去他將不再回到此地。入與別，須不斷經歷過去，才能得到自我內心的智慧開悟。

杉山再次回到花蓮港廳的新城村，高聳的山巒依舊翠綠，美麗的淨土不會因為人類怨念失去原有的色彩。他在日軍所設立的「殉難將士瘞骨碑」旁搭建「草庵圓滿寺」，當時的日本人已陸續移民到台灣東部，台灣總督府亦於同時招募貧困的農民，移民到花蓮港廳行政區內建移民村。除此之外，新城也是軍人與其眷屬的重要營區與居住地。由各方齊聚於此的人們將圓滿寺作為信仰中心，杉山也成為在地的宗教領袖，居民的婚喪喜慶都參與其中。隨著歲月流逝，杉山的傷痕記憶逐漸淡去，他不再做惡夢，只是，恐懼消失並不代表無形的考驗不再到來。

昭和十五年（西元一九四〇年）七月十六日杉山圓寂，當地居民為紀念他，特地請石匠為他立像膜拜。然而因石匠在快完成前臨時病故，製作好的石像僅有身像而無雙眼。

「那眼睛怎麼辦？」

「不如就畫上去吧！」

村民你一言我一語地討論，最後由保正出面，請新城神社神官為杉山石像開光點眼。不久後太平洋戰爭爆發，許多軍人在出征前都來到圓滿寺膜拜，再帶御守離去。昭和二十年八月十五日，昭和天皇宣佈終戰，第二次世界大戰結束。台灣由盟軍委託中華民國國軍依波茲坦宣言，進駐台灣進行暫時託管任務。中國軍隊至新城駐紮，拆掉圓滿寺的木板建材來生火煮飯，杉山的石像就被遺棄在屋角落旁任憑風吹日曬雨打。石像的眼睛消失了，不，應該說它只是恢復它的原貌。

夢裡的召喚

七十年後，平成二十八年（西元二〇一六年）十一月二十六日，我來到此地後，就常常做一個相似的夢。夢境裡，有位無臉和尚不停地對我呼喚，雖不知道為什麼它臉上沒有五官，只知他應已存在至少百年以上，並且尚未了斷俗緣，內心依舊有所罣礙。

為解開他想說的事，我施展神咒，他的眼、鼻、口都亮出現光芒。原來，杉山並沒有因圓寂而離去，他的魂找不到到達彼岸的方向，只能停留在石像之中，徘徊在人間無法離去。因此常有人看到一位僧人的樣貌，近看又消失不見蹤影。

「我到底是誰？」

「我又要去那裡？」

無法解脫的杉山靈魂，一直困在這裡自言自答著。於是，我來到他的面前。

「是你吧？召喚我的人？我一直在這等待吾師所說的智者前來解惑。請告訴我，該如何解脫到彼岸的法門？」

「般若波羅密多心經不就早說明一切解脫之法。」我回。

杉山流下了眼淚。是的，佛早就開示世人到達彼岸的方法：讀經不止是頌經文，而是在佛的語錄中找回自己該回家的道路。杉山的魂魄開悟了，他的靈魂由白變成金色的光芒，那正是圓寂的真正光影。

天空下起大雨，杉山與我共同念出心經，經文圍繞著他的身軀，從石像中解放出靈魂。雨停後太陽出現，天空出現梵音將杉山圍繞，不久後他的靈魂就消失了。

殉難將世座骨碑

無臉佛僧

歷史小學堂

1．新城事件發生於明治二十九年（西元一八九六年十一月）新城地區，因日本駐軍強暴太魯閣族婦女而引發太魯閣族報復，當地駐軍日本陸軍少尉結承亨等共十三名日本陸軍被斬首。隔年日軍派遣軍隊前往鎮壓太魯閣族。因太魯閣族不敵現代化武力日軍攻擊死傷慘重，逃回立霧溪谷內躲避。

2．圓滿寺建造時間不詳，約在新城事件之後為傳教而設立。隨後在一旁建新城神社，戰後日人全數遣返，由天主教會買下再建諾亞方舟的禮拜堂。園中除了新城神社史蹟外，就是杉山和尚未完成的石像與太魯閣事件後所立「殉難將士瘞骨碑」。

MAP & info.

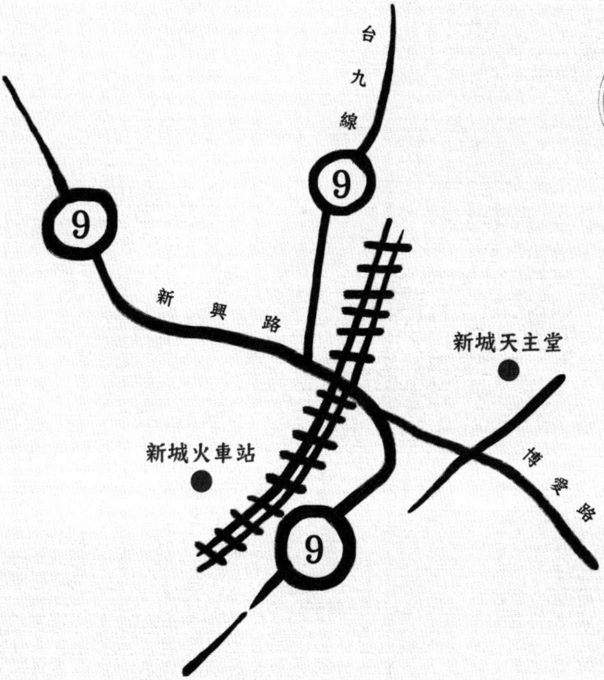

新城天主堂

公路

沿台 9 線北上南下至新城市區建仁愛路直行至仁愛路 5 巷左轉即抵。

台鐵

新城火車站下車。沿新興一路直行至仁愛路 5 巷。

公車

花蓮火車站前搭花蓮客運 1126、1129、1132、1133、1141 於新城公園站下車步行即抵。

no.
06

獨眼小僧

一名來自京都明暗寺的遊僧來到圓通寺借宿，後來卻消失不見，只留下一位獨眼嬰兒。當眾人都覺得害怕時，只有妙清法師願意給予愛的照顧……

京都明暗寺的虛無僧

昭和元年（西元一九二六年）三月十三日，那天早上起了場大霧，圓通禪寺裡妙清法師剛帶領女尼做完早課時，一位頭戴天蓋帽、手持蕭笛的日本僧人出現在山門的前面。這位僧人的胸前背著一個京都明暗寺的托鉢箱子，不斷吹著名為「1.尺八」的樂器，發出一陣陣低沉的聲音。女尼們好奇地看著日本僧人。

「他的一身裝扮好奇怪？」

「從沒見過頭頂戴那麼大斗笠？」

「到底從那來的人呢？」

妙清在女尼的通報下走出山門查看狀況，日本僧人見到法師即停下吹奏並行禮。妙清回禮後詢問；

「請問來者何人呢？是要借宿的日本內地佛僧嗎？」

「幸會，貧僧來自京都明暗寺。在雲遊四海修行中路過此地，想前來掛搭數天可否？」

「歡迎佛道修行者一同禮佛，皆是佛弟子無分所謂的內外。」

「感激不盡。」隨後僧人被引領至大殿左側，專供香客暫宿的廂房休息。

每天晚上，日本僧人都會吹著尺八，蒼涼透闊的聲音擺盪於廟宇山嵐間。奇怪的是，他從不去大殿禮佛做早晚課，只待在廂房內，送去的膳食也是吃得精光。由於圓通寺大多為女眾修行之處，女尼們也不大方便多問以免誤會。

一星期後，簫聲不再出現，反而是一個很清楚的娃娃哭叫聲。

「哇~哇~哇~」

送膳的女尼趕緊通報妙清，眾人來到僧人房門口。

妙清：「同道佛弟子，貧尼聽見嬰兒聲從裡面出來，不知發生何事？」

房內未聽到回應之聲，妙清只好接著說：「不好意思那吾進入察看囉！失禮了！」

打開木門，只見在裡頭榻榻米的床上，有個物體在棉襖中不斷地抽動，大家靠近後發現，是個穿肚兜的嬰兒在哭鬧，身旁放著那頂很大的天蓋草帽與僧服，卻不見日本僧人的身影。妙清走過去抱起嬰兒，在後面看到的女尼們皆嚇了一跳。

「哇！只有一隻眼睛的妖怪！好可怕！」

「妖怪！是妖怪啊！快逃！」

---

1. 尺八是吳地的一種木管樂器，後傳入日本。竹製，外切口，五孔（前四後一），屬邊棱振動氣鳴吹管樂器，以管長一尺八寸（約五十五公分）而得名，其音色蒼涼遼闊，又能表現空靈、恬靜的意境。由中國唐朝（日本的奈良時代）時開始傳入日本。尺八是豎吹樂器，用於宮廷雅樂的尺八被稱為雅樂尺八，而現在所說的尺八一般都指代普化尺八。

眾女尼奪門而出，只有妙清不介意地抱著嬰兒，溫柔哄著。

「嗯，真是可愛的小生命～乖乖乖……」

對法師來說，他只是個孩子，一個剛出生清純無暇的小生命。雖然不是普通的嬰兒，而且只有一隻眼睛，但在佛的面前每個生命皆應受到平等的關愛，本就無分貴賤。

到底那位客人去了那裡？為何留下一個獨眼的小嬰兒？大家都感到不解。不過既然妙清接納這個新生命，也不方便說些什麼，只能把疑惑放在內心深處。

嬰兒小僧

「哇～哇～哇」佛寺不時傳出洪亮的嬰兒哭聲，但由於寺內只能用黃豆磨成的漿與米麩來餵養，為能順利進行餵食，妙清想出個法子，先將棉布捲成漏斗狀，再於前端綁條棉繩露出一個小口以讓嬰兒吸食，為防溢出也另在嬰兒的脖子下方墊一塊小圍兜巾。

躺在妙清法師的懷中彷彿有股無形的安定力量，嬰兒一吃飽就滿足地睡著不再吵鬧，因他知道，那裡是安全且毋須擔憂的所在。

哄著嬰兒入睡的妙清，想起懷中的小僧還尚未有名字，思索著到底該取什麼法號好？妙清看到日本佛僧所遺留的托缽箱上寫著「明暗寺」的字樣，遂取圓通寺的「圓」與明暗寺的「明」，合併法號稱「圓明」。

▲日本僧人所住膳房　▼圓通寺山門

妙清抱著小僧開心地對他說：「今後就叫你圓明吧！好不好呢？」

圓明的小嘴微微地往兩旁翹起，臉上露出微笑接受了屬於他的名字。

獨眼小僧的童年

圓明長大後跟隨著妙清與眾師姐修行佛門，然而師姐們對他非人的存在，內心依舊有疙瘩。

「妖怪怎麼可能會修行？」

「真不懂法師為何要留一只小妖怪，而不將他通報巡查？」

女尼們你一言、我一語地不時討論著，也常指使著圓明去打理雜事與挑水，圓明則很努力地達成師姐們的交待。他必須起得別人早，在大家還未起床之前，就要先打理好早課與廚房早膳所需要的一切。眾人在做早課時，他只能負責在外敲鐘，完畢之後拿著掃把清潔佛寺周圍，每天總有做不完的事在等著他。

有一天在大殿擦地的他累了，坐在地上看著在堂前總是微笑的佛，他雙手合十問：

「佛啊，為什麼我要來到人間？我只是隻妖怪，為何那位不知名的日本僧人要拋下我而去？」

佛不語，仍只是微笑。圓明再次開口：

「佛啊，為什麼您能成佛？您貴為王子之身，卻願意走下民間去體會一切生老病死的無常世界。為什麼我是在人類中的妖怪受眾人歧視與排擠呢？我的人生這麼不公平，真是越想越生氣！」

生氣的圓明一不小心踢翻水桶，水桶裡的水流滿地面。慌張的圓明趕緊用抹布擦地，但負面情緒仍不斷湧現，邊擦邊自言自語：「到底我在做什麼？到底我在這裡做什麼？我將來一定要過這種生活下去嗎？」

在一旁觀察圓明許久的的妙清走進來，圓明趕緊跪拜行禮：

「不知師父在身後，向佛祖發了幾句牢騷，罪過！罪過！懇請師父原諒！」

「起來吧！圓明。今天我們師徒就來好好談談吧！」

兩人跪坐在佛前，妙清緩緩地說：「佛前眾生皆是平等，不分你我。所有的生命，皆須佛渡至彼岸方能解脫。既然來到人間亦是有緣，每個人也許出生不同，有著不同的外貌差異，但是追求佛的智慧與法門是不會有所差別。雖然你的外貌與眾人不同，但不同已經是天定，那麼又何必老放在心上去讓自己不接受而痛苦呢？」

圓明點點頭，妙清接著說：「你生命中所擁有的，未必是旁人也有。不論一生過著清貧或富貴皆會走向滅絕，那麼所謂的生命差別又何妨？別人是別人，自己是自己，他是他，你是你，不用在意別人的眼光，只需要堅定自己想要修行的信念，在佛經中去體悟佛與先賢諸大僧的哲理，佛理中最重要的是一個『悟』字。從悟中去看待世間一切所發生的經歷，這樣你懂嗎？」

「是的！師父，弟子銘記在心！謝謝師父教誨。」

經過妙清的開導，圓明將眾師姐對他排斥的內心罣礙一掃而空，努力堅定地朝修佛的道路前進，常常於夜深人靜時在廂房內點起油燈，專心閱讀佛經。睡得比別人晚，起得又要比別人早，就這樣日復一日，圓明在佛理的頓悟上獲得可觀的靈性成長。

蟬鳴月夜

某年夏天出奇的熱，所幸下午有場西北雨，吹散原本附著於大地的熱氣。一旁水池上，蘭花的葉子垂留著雨滴，風一吹動就隨著葉柄滑落到飼養錦鯉的水池中，滴答一聲化做池中水。雨過天晴，原本躲在土壤中的蟬脫殼而出，撥開泥土並擺動雙翅飛至樹梢上，用其獨有的腹腔鳴聲與大地共鳴。

「吱……吱……」

蟬的一生是短暫的，在未醒之前，化做蛹沉睡於土壤中，醒來後，又用著不多的生命天數盡力演奏，彷彿牠的一生只為夏季伴曲而存在。蟬是主角嗎？是也許不是，因為山林間的共鳴讓人無法分辨誰才是主？誰又是客？但是每一道蟬鳴卻又是來自獨立的個體。若沒有個體的存在就無法集合成所謂的群。蟬鳴到生命結束的那一刻，知道自己將死卻還是鳴奏著，直到腳失去力量墜落到地面，成為無生命的軀殼。

早上要掃落葉，下午也要再掃一遍。圓明總是戴著斗笠在認真工作，來到寺廟中的遊人也總看不清楚帽子底下的面貌。夏天時掃了許多的蟬，圓明掃到廟左側的大樹底下，拿起一隻蟬的屍體放在手中端看，心裡想：

「生命真是短暫啊……。」

那天晚上圓明做一個夢，夢中出現的是妙清常提及戴著天蓋帽的日本僧人。

「你是誰？你為何出現在我的夢之中？」

「我就是你的過去，而你就是我的現在，你看你的背後還有一個你的將來。」

圓明轉頭一看，的確還有另外一個他存在。

「聽我說，『我的你』，也就是本非存在世上的我，來到世間並不是只為他人而存在，而是為自我升華而努力。我們是修行者，修行者沒有所謂的安定，只有一直走下去，去山下與人間看清世間一切生離死別與無苦集滅，那方是修行。拿起你的尺八長笛，戴著你的天蓋帽，走往下一道修行之處吧！」

「可是……我並不會吹長笛啊？」

「你忘了嗎？我就是你，你就是我，拿起笛子你就會找到屬於你自己的記憶。去吧！小僧！」

就當圓明想再問清楚時，已不見他的蹤影。醒來後，圓明坐在床上打坐先讓心情平靜，之後走向衣櫃中拿出日本僧人留下的箱子，尺八長笛就放在衣服上方。圓明帶著長笛走出戶外，穿過石壁裂縫坐在石頭上方的平台，面對高掛天空的明月，將笛緩緩地放在唇邊，此時手指彷彿找到洞口的記憶，不由自主地演奏起來。

他會吹了，他找回了他自己。

托鉢行化之路

圓明漸漸長大，他的身軀已練得相當結實，也穿得下當時日本僧人留下的服裝。當他再拿起尺八長笛時，彷彿有了記憶，並已經能駕馭尺八音的吹奏。為更進一步的修行，某天他跪拜在妙清前，表示想要雲遊四海，去各處佛門修行。

妙清彎下身扶起圓明：「圓明，去吧！是該出去見識人間的實相之道，這樣你更會了解佛的本義與生命虛無的實相。我想那位日本僧人也許就是你的過去化身，帶著他所遺留的一切走向下一個修行的道路，佛的真理不變，人間將是悟性的啟發與更一深層的修行。切記！」

圓明跪在地上磕頭，流著眼淚向妙清拜別：

「謝謝師父多年的教誨，弟子銘記在心中。也請師父照顧好自己身子，弟子無法再如同以往隨侍身旁了。」

隔天一早，圓明戴上日本僧人的天蓋帽穿上袈裟，腰間繫尺八長笛，拿起禪杖走出山門，朝著山下走去，沒有人知道他去了那裡，亦同沒有人知道當時來掛搭的日本僧人又去了何處？圓明不斷趕路向下個地方前進。有人說曾在五股觀音山見到他，也有人說曾在高雄的大崗山見到一位行為古怪的日本僧人。

圓寂碧湖山佛字下

經過數年的修行之旅，圓明再次返回圓通寺，得知妙清已圓寂後，走向洞壁石窟內面壁打坐，過幾天都沒有出來。師姐們感到好奇，派人到洞中查看情況。女尼走進洞中，聞到一股芬芳的檀香，坐在裡頭的圓明面對岩壁不發一語。當女尼向前觸碰到他的肩膀時，圓明瞬間化成一堆灰，原來他早已悟道並隨佛到達彼岸。

人間只是修行場域，來匆匆去亦匆匆，何苦哀哉所謂的不圓滿呢？後人在佛洞前立一座小僧石像，給這位得道高僧做為紀念。是的，那位在洞口上放的小僧正是圓明法師。

歷史小學堂

1．中和圓通寺興建於昭和元年（西元一九二六年）由妙清法師所興建。妙清法師的師傅覺力禪師當時為艋舺龍山寺住持，許多善男信女踴躍捐獻建寺方成。這間佛寺建築特色融合中國、日本與西洋三種混和元素，整座佛寺有如城堡般依山而建，這在台灣日治時期佛教建築相當罕見，為北台灣著名的尼姑庵修行場所。一旁有著「一線天」奇景可以共賞。

2．京都明暗寺為日本普化正宗總本山，興建於明治四年（西元一八七一年），常見頭戴名為「天蓋」的斗笠，蓋住頭部不見其臉，穿著白僧衣，手拿尺八長笛，吹奏相當具有特色的佛教僧侶。

圓通寺全貌

獨眼小僧圓寂處。

圓通寺的一線天。

大雄寶殿正殿。

MAP & info.

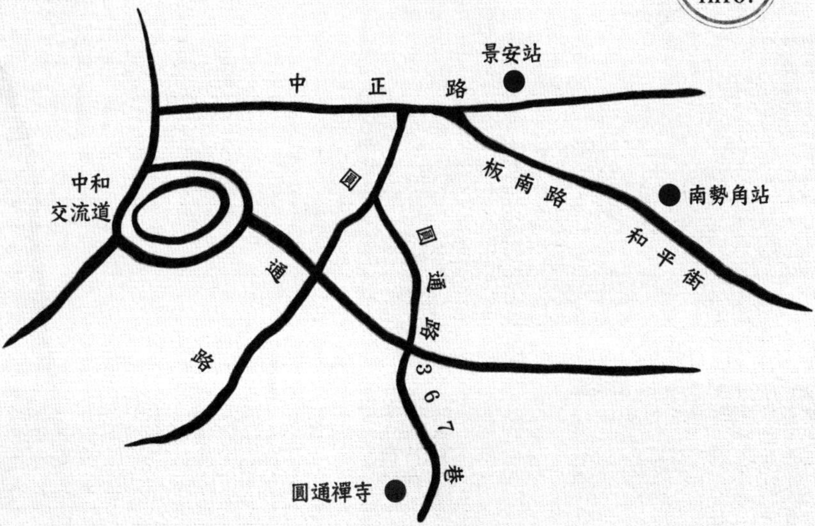

圓通禪寺

新北市中和區圓通路 367 巷 64 號

公路　國道 3 號中和交流道下往新店方向沿中正路見圓通路後右傳，過雙和醫院後見圓通路 367 巷左轉直行即可抵達。

捷運　於中和新蘆線景安站或南勢角站下車。

公車　搭台北客運 242、F513、橘 2 於中和新村站下車。

no.
07

鏡中魂

在紅樓裡被禁錮的靈魂，
命運大不相同的雙胞胎姊妹，
存封於手把鏡裡的執著與回憶……

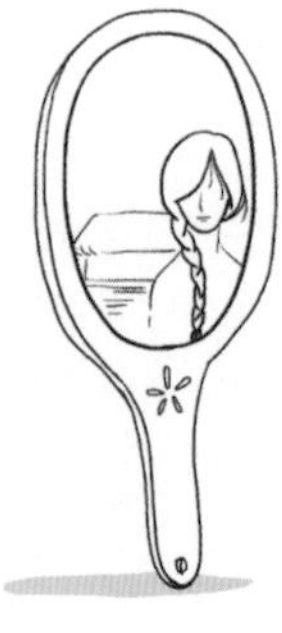

紅樓前的奶奶

某天，我來到台北科技大學，看見有位老奶奶站在紅樓前自言自語，看起來約有八十多歲。她背有點駝，拄著拐杖，穿著簡單的女鞋，雙腳略呈O型。讓我印象深刻的是她將滿頭白髮中編成一條辮子，沿著左耳直貼到胸前。我好奇地跟著她的腳步繞紅樓一圈，她也似乎發現我的存在，回過頭對我微笑。

我：「奶奶，您很特別耶，怎會想看紅樓？」

老奶奶用左手輕抿住笑容，身上散發著尊貴的氣質與涵養。她到底是誰？難道是日本人？就當我疑惑時，老奶奶開口說話了：「年輕人你好，我是千千岩奈緒子，這裡曾是我小的時候住過的家。」

「真是不可思議，所以[1]千千岩助太郎是您的？」

「千千岩助太郎是我的父親。」

「奶奶，我們要不要那邊椅子坐一下，我對您的故事很有興趣，願意跟我說說嗎？」

「如果你想聽，我很願意分享我的人生經歷。」

1．千千岩助太郎（一八九七年九月二十五日－一九九一年四月五日），日本北部九州佐賀縣三養基郡人，為台灣日治時期建築教育家。一九八八年在台灣復刻出版《台灣高砂族之住家》一書，被公認為台灣原住民住屋之研究泰斗。

我們聊了一陣子，老奶奶說很高興我能聽她說故事，接著從包包中拿出一張她的個人名片，表示這些日子她會待在台灣，如果我有空的話，她很願意再跟我見面。我收下名片，老奶奶很客氣地向我點頭告別。

被禁錮的靈魂

當我看完老奶奶的名片，不自覺抬頭一看時，發現窗廉後方似乎有道女子的身影，但那身影並不是實體，而是透明的。接著彷彿有人轉開手把似的，紅樓的門竟悄悄地開了。我走進去，看見裡頭堆放一些雜物，聽說此處以前是倉庫。走上二樓有一架很陳舊的風琴。我想，這應該是老古董了吧！

對古物總是很有興趣的我，就開始東瞧瞧西摸摸，意外地在縫隙發現藏有一把鏡面已經發黃、帶點黃褐色斑點握把的梳子。我仔細看那把鏡子，從鏡面中看見有位身穿水手服、頭髮綁著右邊辮子的女子站在後方，一回頭卻並沒看到任何人。我知道她就是我的委託人，也知道她有看見我。

突然從鏡子中出現女子的聲音：

「秀次郎……你是吉田秀次郎……嗎？」

雖有點嚇一跳，但我趕緊回應：「是的，我就是寫故事的吉田秀次郎，妳在那？」

「在鏡子裡面……」此時鏡面發出藍光，光芒將我吸進到鏡中的世界。等再睜開眼睛，還是看到風琴在原位，學生們來來去去地走動，我手中則依舊握著鏡子。幸好我還在人間，正當我有這想法時，背後又出現女子的嘻笑聲。

我回頭一看，的確是剛才那名穿水手服的女子。我開口問：「妳是誰？將我帶入鏡中世界要做什麼？」

「我叫千千岩奈美子。」

我驚訝地看著她：「那麼千千岩助太郎是妳的？」

「父親。」

我看著她的輪廓，跟老奶奶似乎有點神似，繼續好奇問她：「可以請問千千岩奈緒子是妳的……？」

她沉默不語，靈體開始產生強大的怨念，聚集的氣相當驚人且略帶點憤怒（我左手比法印，以隨時設下結界保護自己）。隔一會兒，她說：「奈緒子，她是我的姐姐。我們是雙胞胎姐妹，出生在同一家庭但是命運卻大不相同。」

「怎麼說？」

「姐姐……姐姐是我永遠的憤怒所在！」

姊妹的糾葛

奈美子的靈體再次燃起憤怒，我還可以看見她用力緊握的雙手。到底這對姐妹有怎樣的深仇大恨，為什麼妹妹對姐姐無法釋懷，到死都還一直恨而無法解脫呢？

我試著先安撫奈美子的情緒，靈體也有個性，它們一樣有著生前的記憶，與悲傷的過去。如果說悲傷的過去是殘影，那麼殘影的細部就是傷痕。要解開怨念，勢必要了解它的結是在那裡。正當我擬定策略時，奈美子又開口問道：

「吉田先生，你為什麼會知道奈緒子這個名字？你見過她是嗎？」

「是的，她還在人間。」

「為什麼上天總是那麼不公平？對姐姐就是特別好？我好恨……」看著奈美子怨念又開始加深，我心想還是先離開為妙，奈美子卻露出詭異的笑容：「呵呵呵……想逃嗎？你認為你出得去嗎？」

奈美子說完後立刻在我四周築起一道道鏡子，鏡子裡竟然出現不同時期的我。我對自己說：「一切幻象皆不是我。」隨即閉上眼睛打坐，手比法印念「般若波羅密多心經」來定住自己的意識。當佛號累積的正能量到達一定程度時，我再次睜開雙眼。

「破！」一道道鏡子破裂，出現一聲哀嚎，奈美子的結界被破除，手把鏡的鏡面也已有了裂痕。我放下手把鏡迅速地走出紅樓，此時天已黑。到底這一切是怎麼回事？想要知道奈美子的怨念，就必須找到奈緒子問清楚。於是隔天一早，我按著名片上的電話撥去。

「我是奈緒子，你是那裡？」

「我是昨天與您認識的秀次郎。」
「嗯……昨天那個年輕人阿！」
「是的。奶奶，不曉得您有空嗎？我們見面喝個咖啡吧！」
「好……下午兩點咖啡廳見。」
「好的。」

解開傷痕的鑰匙

下午兩點，我和奈緒子奶奶在咖啡廳裡相見。經簡單的寒暄後，我直接開口問：「奶奶，您認識千千岩奈美子嗎？」
奈緒子奶奶有點驚訝看著我：「年輕人，為什麼你會知道我妹妹的名字？」
「我昨天見過她了。」
「怎麼可能？她在七十多年前早已病故，你不可能看得見她的！」
「這事說來話長，您妹妹雖然已經死了，但是她並沒有投胎，她還在人間徘徊著。」
「這又是為什麼？」
「我也不知道，但是她一聽到妳的名字就充滿憤怒……。您們曾有怎樣的過節嗎？」
奈緒子奶奶看看我，再看看牆上的時間說：「年輕人，你真的能見得到她嗎？如果可以的話，

通往二樓的樓梯。

請你帶我去見她好嗎？」

「什麼？妳想見妳妹妹？」

「是的，請你幫幫忙，有些話我想親自對她說……。」

我們離開咖啡廳後來到紅樓，我扶著奈緒子奶奶上二樓，從風琴下方拿出手把鏡。老奶奶驚訝地走向前來接過我手中的手把鏡。

「是她……真的是妳……奈美子。」

我提醒著：「奶奶，小心她來了。」

最後的演奏

奈美子無聲無息的出現在我們身後，奈緒子奶奶轉過身，也看到她。奈美子氣憤地對奈緒子奶奶罵：「可惡的姐姐，為什麼？為什麼上天將好的事物都給了妳？」

「妹妹，為什麼妳總是無法放下無謂的爭執？」

「爸爸媽媽從小就特別疼愛妳，而忽略我的感受，尤其在我生病後，妳就奪走我原本該有的人生光芒！」

奈美子哭了，我可以感受到她靈體的悲傷。奈緒子奶奶接著說：

「我的好妹妹，妳一直怨我，但我從來沒有怨過妳。從小妳的天分就比我高，我一直很努力學習彈琴，只是妳沒有看見而已。」

「妳騙人！原本在台北公會堂有一場鋼琴演奏會主角本來是我，我卻在表演的那前幾天得到瘧疾不能出席演奏，為什麼上天對我這麼的殘酷，將原本屬與我的掌聲都給予妳。妳呢？從此走上人生坦途，而我卻生病越來越嚴重，不斷在忽冷忽熱中死去。」

奈緒子奶奶沉默不語，從口袋中拿出一只布巾，裡面包著一個上面寫著臺灣神社的御守護身符。奈美子看到後驚訝地說：「那是……我生前一直掛在身前的御守？」

「沒錯，在妳死去的那一天我從妳身上拿下來。因為我要代替妳活下去。」

聽到奈緒子奶奶這段話，奈美子更是呆住。「我的好妹妹，妳可知道因為妳的死我自責了數十年？活著的我卻一樣像是進入地獄，無法忘記跨越那無止盡的懊悔。請妳原諒我這個姐姐好嗎？」

奈美子眼淚流出來，想起許多與姐姐小時候的事，她曾惹出很多麻煩，都是姐姐去替她承擔挨父母的責罵，在她生病之後照顧她的也是姐姐，為什麼自己無法放下對她的嫉妒呢？

我：「放下吧！放下吧執著妳就可以解脫了。」

奈美子：「姐姐……吉田先生……」

奈美子的氣場慢慢變為柔和，身上束縛的黑暗逐漸褪去。奈緒子奶奶走向風琴拉開椅子，輕聲呼喊：「奈美子，跟姐姐一起彈鋼琴好不好？」

奈美子流著眼淚坐在姐姐的身旁，兩人就像是小時候那樣快樂地演奏著，直至奈美子消失為止。

奈緒子奶奶流下眼淚喃喃自語地說：「奈美子，再過不了多久我們就會相聚，這一首曲子我們再一起演奏完。」

奈緒子奶奶拿出手帕擦拭眼淚，雙手緊緊握著那只御守。那把古老手把鏡子的鏡面開始碎裂，奈美子終於真正得到解脫。

歷史小學堂

1．台北科技大學前身為成立於大正元年（西元一九一二年）台灣總督府民政局學務部附屬工業講習所。隨後校名不斷改變從台北工業學校、到台北科技大學，該大學培養許多台灣高科技業人才。

2．紅樓：建於大正十五年（西元一九二六年），原設計為木造圖書館的書庫，與圖書館中有廊道相連結，後因為圖書館燒毀保留下來，為該校第一代建築。現為校史館。

紅樓正面。

紅樓上方的山牆。

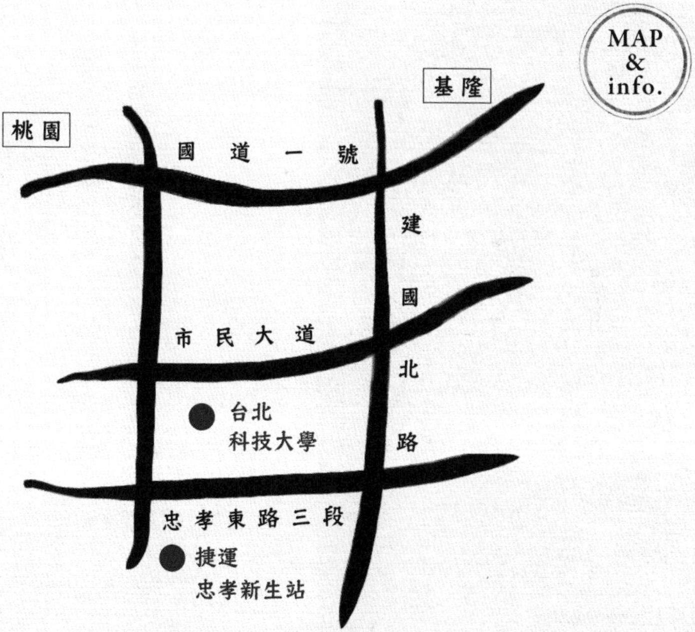

台北科技大學

台北市大安區忠孝東路三段一號。

公路　國道一號接圓山交流道至建國高架道長安東路段下，直行至忠孝東路即可抵達。

鐵路　台北車站下車再轉捷運。

公車　202、212、262，再轉捷運於台北科技大學站下車。

捷運　台北捷運忠孝新生站下車，走 4 號出口即可抵達正門。

no.
08

白猿童子

一段人與猿之間的友誼，一個寧死也要遵守的承諾，
發生在屏東外海小琉球燈塔的守護故事……

交通部航港局
琉球嶼燈塔

母猿之死

有隻小白猿出生時因毛色與其他同伴不一樣，被認為是不祥的徵兆而受到其他猿群的欺負與排斥，只有牠的媽媽不離不棄地守護在身旁。

某天，因母猿外出許久一直沒回家，小白猿心急地跑到外面雪地尋找，好不容易找到正要開心地向前跑去時，母猿的後方卻出現一位獵人，拿著獵槍向前瞄準。

「砰砰！」

母猿中槍倒地，看見小白猿正要向自己跑來，馬上大喊：「不要靠近！趕快逃！」

母猿把自己當誘餌，用僅剩的力氣朝另一方向逃跑，鮮血滴落在白雪上，留下一道道血跡。她知道只要跑遠一點，小白猿就能多一點活的機會。最後終於體力不支，躺在雪地上抽蓄等待死亡。

小白猿呆愣地躲在大石頭旁，看見獵人撿起媽媽的身體，無力反抗的牠只能妄想著媽媽能夠再回到自己身邊。

在快凍死之際，小白猿夢見媽媽將牠緊抱在懷裡，而那位「媽媽」正是路過此地的信一。

人猿相遇

在信一的照料下，小白猿短暫恢復意識，醒來後見到是殺死媽媽的人類，激烈地掙扎並咬傷信一的手，接著又體力不支昏睡過去。信一並沒有因此生氣，反而更用心照料這隻落單的小白猿。

相處越久，小白猿對信一越信任，並且成為好朋友。信一認為小白猿康復後，應該要回去屬於牠的大自然，然而因為小白猿沒有家，猿群也不會接受牠，只有信一會給牠溫暖，所以小白猿不論如何打罵都不肯離去，野放沒多久後還是會跑回信一的家門口。信一索性將小白猿留下來飼養，並取名為米子。

二戰期間，信一被任命到台灣離島小琉球顧守白燈塔。有次美軍空襲小琉球，戰鬥機猛攻白燈塔，危急之際，米子撲身為信一擋下子彈身受重傷而死。空襲結束，信一在燈塔旁建一座石塚，每日為牠焚香祭祀。

二戰過後，所有日本人皆遭強制遣返必須回國，臨走前，信一來到米子的墳前，立下一定會再接牠回日本的承諾。

白猿靈魂的飄蕩

多年後，一位跟著國民政府撤退來台的老兵，見到燈塔旁立著日本名字的石塚，氣憤地將其毀壞。報應也很快到來，當天晚上他因見到一位有尾巴的少女，受到過度驚嚇而心臟病發死亡。

由於石塚被破壞，米子的魂魄無處可去，只能飄蕩在白燈塔四周的村落。之後村人們常在白天會看到一名身穿白衣的少女，見人變問：

「好心的大叔，你知道守燈塔的信一在哪嗎？」

「不知道，沒聽過這個人。」

「大嬸您可知道信一在何處呢？」

「不知道耶，沒聽說有這個人。」

失落的米子只好守在燈塔裡，拿起生前信一為她戴上的鈴鐺信物，晚上在燈塔附近的居民常可聽見米子生前的哭泣聲。米子原始的家被獵人摧毀，死後的住所也被人毀壞，對她來說，只有跟信一在一起才能快樂，才是自己的真正歸屬。而米子始終相信，信一總有一天一定會來這裡接她回日本。

米子不定期的出沒，搞得村民人心惶惶，村長與當地士紳決定，要請小琉球最富盛名的碧雲寺觀音佛祖來收妖。眾人來到碧雲寺前，村長急忙走去握著廟公的手說：「我們的村子最近出了一隻妖怪，就在那白燈塔那邊，一位穿白衣有尾巴的少女一直在那邊徘徊著。今天我帶領村民們前來請求觀音佛祖做主，希望能消滅這隻妖怪，拜託您了。」

廟公：「真的有這種事？」

村長：「是啊，拜託觀音佛祖為我們除妖。」

廟公答應眾人的請求，命令兒子透過乩童請觀音佛祖降駕請示。乩童眼睛綁著紅布、口中念念有詞，左腳不斷跺地並全身發抖。不一會兒一個冒似女人的聲音開始說話：

「村民們，你們說的事我已經查明，那個尾巴少女本命是隻白猿，她無意傷人，只是在尋找回家的道路，在等待一位日本人的到來，此事就可以迎刃而解。」

聽完觀音佛祖的開示後，村長不解地問：「那請問那位日本人何時會來到本村？」

「時到自然來。」

「可是這猴妖一天不除，村人們怎麼能夠安心過活呢？請大慈大悲的佛祖能夠幫忙。」

「一切皆是緣份。不然我暫時收牠在我身邊，如此便不造成諸位村民的困擾。」

佛祖收妖

乩童拿著法寶與一支令旗，前往白燈塔的方向走去，其他人則尾隨在後。約三十分鐘後一行人來到白燈塔前，米子就坐在階梯旁，她看到眼前這位不尋常的人物，心中感到害怕，第六感告訴她，眼前的人非一般人，而且擁有很強大的靈力。

米子雙手著地，尾巴舉高，嘴巴不斷發出緊戒的聲音。她必須保護自己，因那些記憶唯有自己才能保護。當氣氛最緊張之際，乩童開口說話：「白猿，我並無意傷妳。只是妳的行為已經影響村民們生活正常的作息，來吧！先跟我走吧！離開這座白燈塔，讓它能夠恢復著昔日的平靜。」

「不！我那裡都不去！如果您硬要帶走我，那麼我只好選擇反抗。」

「唉……妳認為妳能跟我對抗嗎？」

米子沉默不語，因為她知道若反抗只會輸，但若不反抗又怎能捍衛自己的權力呢？何況守在此處只是為了等待信一，並沒有想要傷害任何人的意思。於是米子展開攻擊，她跳起來露出兇牙，準備咬眼前的敵人，乩童輕揮令旗，吹來一陣強風襲擊米子。

米子倒地後，乩童走到她身邊繼續念咒，米子跪在地上雙手摀住耳朵，不斷掙扎，一下子是白猿的原樣，一下子又是骨骸樣貌，她痛苦地向乩童求饒著：「不要！不要殺我！我還要等待信一，不要！」乩童停下念佛號，米子不斷冒出冷汗。不一會妖力盡失現出原形骨骸。當乩童正要拿著法器鯊魚劍攻擊時，突然跑出一位日本中年男子用肉身擋下那一劍。

那位男子就是信一，由於戰後隔數十年台日才開放交流，他才得以再次回到小琉球，一回到燈塔就正巧見到此事。信一用破舊的台語，請求乩童高抬貴手能讓他能取走米子的遺骸，並為昔日好友的遭遇感到難過。當他的眼淚掉落在白猿骨骸身上時，米子的少女魂魄現形。

她開心地流下兩道喜悅的眼淚：「信一，你終於回來了！你終於遵守諾言回來接我了！」

「傻瓜，我可是從沒忘記與妳的約定！」

看到信一遵守諾言，米子的妖氣頓時消失並轉成為潔白的靈魂，乩童也順佛祖的授意放下鯊魚劍。信一取回米子的骨灰，裝在甕裡帶回日本，一同回到長野，那個在白雪中的故鄉。

歷史小學堂

1．琉球嶼燈塔：當地稱「白燈樓」，於昭和四年（西元一九二九年）建立，二次世界大戰時受損。該燈塔與鵝鑾鼻燈塔皆為台灣海峽與巴士海峽重要的指引燈塔。

2．碧雲寺：清朝雍正年間建立，有位田深氏於夢中見觀音佛祖顯靈，佛祖請他立寺接受鄉民的朝拜，為小琉球最具知名的古老佛寺與信仰中心。

碧雲寺正面。

白燈塔舊守燈室牆遺址。

碧雲寺的觀音至今仍是當地居民信仰的中心。

MAP & info.

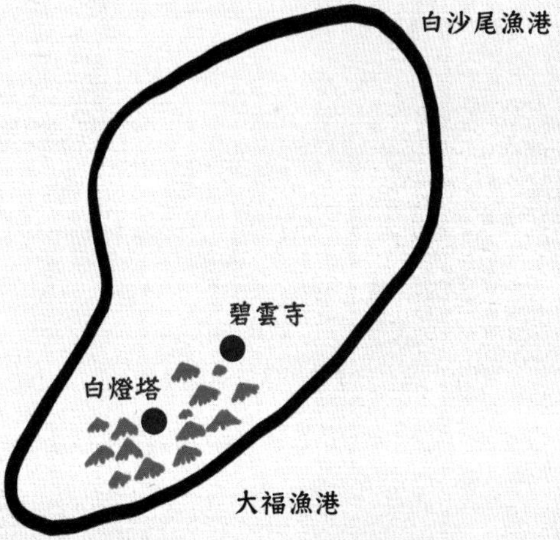

碧雲寺

屏東縣琉球鄉大福村和平路 61 號。

◆ 交通資訊

建議租機車或用步行方式

公路　沿環島公路直行即可以抵達碧雲寺與白燈塔。

公車

① 搭 601 號碧雲寺在大福漁港站下車沿和平路直行即可抵達碧雲寺。

② 搭 601 號琉球嶼燈塔在觀音石站下車沿忠孝路往北行，見左手邊有朝上山路沿山路直行即可以底白塔塔。

no.
09

家鳴小妖

一位捉小偷的巡察、一個愛搗蛋的小妖，
為拯救嘉義市民，發展出一段動人的情誼……

不明的震動

嘉義市區有座存在數百年的古井，當地的人們稱之「紅毛井」，傳聞這口古井是四百年前荷蘭人所挖掘留下的。這口井曾在日治時期，被記錄在東門町派出所的日記裡。

明治三十九（西元一九〇六年）年三月十日東門町派出所前聚集許多街民，街長代表正進行陳情。其陳情的內容為二星期以來，有許多街坊市民的家屋在深夜受到不明原因震動，初期以為是地震，但奇怪的是，一次地震卻只有一丁目（一條街）在搖晃而已。這的確很不尋常，所長收下街坊市民的陳情書後，指派剛到職的年輕巡查——源田米三去調查此事。

剛從內地大阪調至嘉義東門町派出所的源田米三，留著小平頭，大約三十歲，工作非常認真。只要看見小偷就會奮不顧身地進行追逐並將其繩之於法，宵小界據聞此巡查的厲害，皆不敢靠近一步，故東門町一帶治安相當良好。

為解開深夜家屋地震的真相，源田於清晨三點多仍在街上巡邏。當他走到東門町二丁目東門市場附近時，聽見有一群小孩子的吵鬧聲。他循著聲音來源悄悄接近，在靠近轉角時將頭探出，看到一群大小相似蟲子的小人在竊竊私語，好像正計劃什麼一樣。

這群小人頭上長有一支類似羊角的角，披頭散髮，皮膚呈現藍色，有著人形似的臉與身軀，身高只有約二至三公分。源田揉著雙眼，以為自己看錯，但捏捏臉頰是會痛的，證明這不是在作夢。

不一會兒，小鬼們開始朝某間木造家屋的角落散開，並將各樑柱與門窗同時用力搖晃，當屋主衝出門大叫地震時，他們趕緊躲到不見蹤影。一切真相大白，原來地震的原因就是這群小鬼所造成。

城隍夜巡抓鬼

由於東門町被小鬼們鬧得幾乎天天無法平靜，街長只好去城隍廟請託[1]城隍爺給予協助，廟裡執事答應在二天後的深夜進行繞境抓鬼。午時一到，城隍廟門打開，在廟方的請神儀式結束後，城隍爺與七爺、八爺及其他鬼差們乘著神轎開始繞境。

身材高大的七爺頭戴長帽、身穿白衣，慘白的白臉吐出一條長長的舌頭，祂將手上羽冠扇一揮，小鬼們就被超強的氣流綁住並吸入口中。矮小黝黑的八爺則頭戴黑帽，身穿黑袍，面目憤怒猙獰，祂先擲出手中的枷鎖將小鬼們拷上，再用鐵鍊拖回去受審。就這樣，數千百隻流落人間的小鬼們被一網打盡，完全無處可逃。城隍爺看看四周，認為妖怪都已清除後下令打道回府，但其實還有一隻小鬼躲起來沒被抓到。

1．城隍爺是一個行政司法官的名銜，如同市長或法院檢察官，是城區的守護神。城隍爺兼管陰陽兩界，身旁配有七爺八爺與其他鬼差官吏，逮捕在人間為非作歹的妖魔鬼怪，維護地方平靜。

當整個繞境隊伍離開時，小鬼的衣領被源田從後方揪起，以為是被鬼差抓到的它，害怕地不斷哭泣掙扎，結果回頭一看是人類，頓時鬆了口氣。

源田嚴厲地說：「因為你騷擾街民，所以要捉回去下油鍋！」

小鬼一聽到要下油鍋，又開始大哭請求不要殺它，表示願意乖乖聽話。源田用鑰匙圈將小鬼拘捕，在帶至派出所審訊前，先帶回去自己的宿舍裡。

小鬼的自首

被帶回宿舍的小鬼，一五一十招出來歷。它和夥伴們是在二月十九日深夜，月亮的影子與紅毛井相吻合時來到人間。來自地獄的它們由地藏王所管，此次受地藏王派遣從閻羅王殿回程的途中，看到奈羅河橋畔正在建造地獄船，好事的它前去詢問造船的原因，得知在丙午年三月十七日須建造完船隻，因當天在人間會有大地震，會用此艘船去抓亡靈回來審判。而他和夥伴只是剛好在歸途中，不小心從光洞掉到人間。

「那你們為什麼要到處作亂呢？」源田問。

「一開始只是好玩，後來受地藏王慈悲的影響，我們想說搖晃房子讓人類害怕，他們就會提早做好準備逃跑。」

「所以你說的大地震是在三月十七日是嗎？」

城隍爺神像。

嘉義城隍廟正面。

小鬼點點頭。源田將套在小鬼脖子上的鑰匙圈打開，並轉身拿刀。這舉動讓小鬼嚇一大跳，以為源田要殺它了，不禁大哭著：「不要殺我！不要殺我啊！」

刀子落下，小鬼用雙手護著頭閉上眼睛等了好一會兒，發現竟然卻毫髮無傷。原來，源田只是去切一小塊雞肉，還從飯桶中抓一點殘餘的米飯給小鬼吃。

「大人……所以您不殺小的是嗎？」

「你告訴我這寶貴的消息，不知可以救多少人，我感謝還來不及呢！這是給你的謝禮，請吃吧！」

小鬼大口大口地吃著雞肉飯糰丸子，不斷發出咖滋咖滋的聲響。它從沒吃過這麼好吃的食物，在地獄都是吃腐屍而已，果然傳說中美味就在人間一點也沒錯。

人鬼成好友

小鬼連續吃好幾個飯糰，源田另外拿出一瓶月桂酒做點下酒菜，本來就是大阪男兒的源田豪爽地請小鬼一同喝酒，一人一鬼就這樣意外地成了好朋友。

「我叫源田米三。很高興認識你。你叫什麼名字呢？」

「我們沒有自己的個人名字，我們在鬼族中名叫家鳴一族。」

「聽不懂什麼意思，就叫你小角一郎好了！」

「小角一郎？」

「嗯……因為你頭上有長角，而你又是我遇到第一個鬼朋友，所以叫一郎。」

小角還無法弄明白這個名字的意思時，外面的雞已經開始啼叫，它必須趕快躲起來不能見到陽光。正當跑來跑去不知該躲哪裡好時，源田將它抓起放到金柑糖的糖果盒裡

「小角，你就暫時待在這裡面吧！晚上太陽下山我再將你放出來。」

「那就拜託你了，源田大人。」

源田將糖果盒蓋蓋上。糖果盒裡黑暗的世界，本來就是鬼族所熟悉的環境，紅色的眼睛對於四周的辨識可以很清楚，並且行動無礙。小角坐在糖果盒，想著該怎麼救其他的同伴，不久後就因酒精發作倒下呼呼大睡，肚子還鼓了起來。

共識成立

太陽西下，源田回到宿舍趕緊打開抽屜轉開蓋子，因他忘了在蓋子上鑿洞，不知小角需不需要呼吸。打開蓋子朝盒子內看去，看見小角還在睡覺，放下心的他大聲喊：「喂，你也該起床了吧！」

小角被巨大聲音嚇醒，看見有一個超大的眼睛在看他，嚇得用雙手抱頭躲在盒子角落，並大叫

著：「不要殺我！不要殺我」

源田將盒子倒轉，小角從盒子底部掉下來，摔在榻榻米上。

「哎喲！好痛啊！你在做什麼啊……源田大人！」

「誰叫你賴床，我只是幫你醒來而已！」源田戲謔笑著。

「真是粗魯的人類，動作難道不能輕一點嗎？」

一陣嘻笑後，源田依靠在牆邊，看著窗外的月光直射在月曆上。今天是三月十五日，離小角所說的十七日只剩下兩天了。

「只剩下兩天可以活，算了……人間也沒有什麼好留戀的！」源田自言自語說著。

「源田大人，難道你不想活嗎？」

「人活著就有無盡的煩惱不是嗎？」

「雖然聽說你們人類有很多煩惱，但是死後的世界並不是如你想像中的平靜。」

「真的嗎？那你說來聽聽。」

小角深吸好大一口氣後，坐在榻榻米上跟源田描述：「那裡沒有陽光、沒有美食、更沒有所謂的玩樂，也沒有啤酒可以喝！」

「那怎麼行？我還那麼年輕不能那麼早去那邊報到。我還要享樂，還要吃好吃的串燒、飯糰丸子與大口大口喝著啤酒呢！」

「是的，源田大人你這樣就對了！活著的人要努力去做自己想做的事，不要死後才後悔生前很多事情都沒有做。」

源田站起來在房間內不斷踱步，想著該如何解救大家，小角也在一旁沉思。不一會兒，小角突然想到一個好方法，源田趕緊跑過去想聽答案。小角聰明卻怕死，源田腦袋憨直而個性豪邁不拘，為了救人類與鬼族同伴們的兩人，就這樣陰錯陽差地走在同一條路上。

小角：「要說可以，只是要答應我，你無論如何都要聽我的方式去做。」

源田點點頭。

「既然你點頭答應了，那麼我就開始說吧！首先，我要你當一個賊偷東西。」

源田一聽大為吃驚，身為巡查的他竟然要去當一個賊偷東西？這是千萬不能做也不敢做的事。

「不可以！不可以！我不可以去當個小偷，因為我是個執法巡查，怎麼可以去當賊呢？」

「那我問你，你認為當小偷跟救人哪一個比較重要？」

「當然是救人囉！」

「是啊，救人比較重要，你也這麼認為。何況只要偷一次，就可以拯救許多人的性命，菩薩也會原諒你的！」

「這……我……好吧！那教我要怎麼做才可以救大家吧！」

「那還不趕快蹲下來，聽師父的話！」

「是的，師父，請上來吧！」

當賊的巡查

源田蹲下伸出右手讓小角先爬上手掌，再放在自己的左肩膀上。小角臉上盡是得意，因為竟然可以命令一個人類聽指示做事，不禁摀起嘴巴偷笑。

「那我們現在該怎麼做呢？要先去哪？城隍廟嗎？」

「是的，我們先去城隍廟去救我的鬼同伴們出來。」

到城隍廟時已夜深人靜，廟門已經關上，只有門口點著兩盞燈籠，木門上畫有中國門神。正準備行動前，源田突然向小角說：「請等一下，我先做一件事。」

源田在頭上戴起一只深色毛巾，將毛巾兩角在鼻子前打個結，接著脫下巡查的便服只穿白色內衣，再把外衣綁在自己腰間上。

小角看了覺得好笑：「你這在做什麼啊？看你的樣子有夠好笑！」

「噓～小聲點，現在正打算要偷東西，你不知道當小偷要低調點嗎？你還說話那麼大聲！」

此時附近傳來腳步聲，一個手電筒的燈光打在源田身上。他愣著看著燈光來源。

巡查：「那邊可疑的人你給我站著！」

源田：「糟了！是其它町正在巡邏的巡查！」

源田將小角放入口袋中轉身逃跑，巡查也趕緊拿起哨子、拔出警棍追上去。「別跑，你這小偷，給我站住！」

幸好源田本來就擅長跑步，從小被父母親打罵挨揍，都是跑著讓父母親拿棍子追。源田躲在一戶民居牆邊休息，喘幾口大氣，用手擦流出來的汗水。

「真是沒想到當賊這麼辛苦！」

小角爬出口袋跳到原田肩膀上。

「他已經走遠了，快點，我們要趕快行動！」

「弟子知道了！」

闖進城隍廟

源田輕聲走到城隍廟旁，找到一戶有矮牆且比較靠近城隍廟的民宅後，攀上牆翻到廟埕內側，再順著屋瓦與樑柱爬下。

夜晚的城隍廟有點陰森，裡面每個神像都是面目猙獰的模樣，只有坐鎮於中央的城隍爺神像前面的神龕有盞燈火。小角看到黑白無常的神像，害怕地躲起來，但其實此時只是沒有請神儀式的神像空殼而已。

「師父……你的同伴被關在哪裡啊？」源田問。

小角從口袋中爬出，看到正殿中央的城隍神像前高掛著一只神燈。

「就在那中央神像前吊著的那盞燈就是了！」

「是那盞燈嗎？看我的！」

源田輕聲先將神桌上的神像搬到地上，空出位置好踩上去，再搬張椅子來搆到吊燈。這盞黃光燈籠的另一頭是個大算盤，旁邊還掛一個寫著「除暴安良」的匾額。

「管不了那麼多，佛說救人勝造七級浮屠吧！」

源田後打開燈蓋，被關住的數千個小鬼瞬間全部飛出，手舞足蹈地開心喧鬧著。

小角命令大家安靜並宣布：「是旁邊這個大人救了大家，所以大家要報答他，一起去搶救人類性命知道嗎？」

小鬼們看看彼此，畢竟是被人類所搭救的，那麼一報還一報，聽小角說的就對了。於是小角對源田下第二道指示：「接著我們去有拜地藏王菩薩的地方拿太鼓吧！」

源田與小鬼們逃出城隍廟，朝地藏庵的方向前進。夜深人靜的街道上，什麼人都沒有，只有一兩隻貓咪看到這樣的隊伍聲勢驚嚇地趕緊逃開。

城隍廟內七爺神像。

城隍廟內八爺神像。

高掛在城隍廟上方的算盤。

神偷鬼族

源田潛入地藏庵，先看看四周有無人影，再趕緊蹲下身子跑到神桌旁察看環境。他悄聲問小角：

「師父……你說的太鼓放在哪啊？」

「就放在地藏王後面那道牆。有看到嗎？」

源田看到地藏王神像後，恭敬地行禮膜拜。他在心裡告知地藏王，為要拯救人類逼不得已當起小偷，請能原諒他的行為。小角與其他小鬼也都跪在地上跟地藏王神像請安。

地藏王擁有的太鼓，自古以來在冥界有眾鼓之首的崇高地位，鼓上面有一個特殊的太極印記符號。雖說是一個鼓，但這鼓卻重達上百公斤，不是一般人背得起來。源田試好幾次，連抬起的氣力都沒有。只好坐下來喘氣。

「不行啊師父，這太重了，我一個人根本搬不動！」

「人類這麼大一個生物，竟然連鼓都抱不動，真是虛弱！」小角吹個口哨，指揮小鬼們一同出力。就像螞蟻在般大像一樣，數百公斤重的太鼓真的被搬起來。源田在一旁看得目瞪口呆。

小角不耐煩地說：「還不趕快開後門？」

九華山地藏庵地藏王神像。

九華山地藏庵外觀。

鬼太鼓響聲

一行人悄悄地準備運走鬼太鼓，發現旁邊有個藝閣板車，便將太鼓放置在上面。源田在離開地藏庵前，也順便取走打太鼓所需用的木棒。小角跳到源田身上問：

「源田大人，現在是人類時間幾點了？」

「大概早上四點半了！」

「那麼離地獄船的時間不到兩個小時了！快，你現在就開始打鼓！」

源田拿起木棒打太鼓，但是不會打的人，根本抓不到打大鼓的方法。小角看源田不會打太鼓，搖搖頭，站在藝閣板車上號召家鳴鬼族們：

「各位同伴，我們現在合作一齊打太鼓，所有同伴們互相攀附著成為一個大的鬼人吧！」

於是眾小鬼們一個攀一個，形成人類大漢的高度。

小角：「源田大人，請將兩根棒子交給我吧！」

小角拿到源田的敲打棒後，對天空祈禱：「天地諸神啊，本族承蒙地藏王菩薩教誨今為拯救人間百姓，欲敲打太鼓以庇祐地方脫離險境！」

巨大鬼人雙腳張開拿起敲打木棒向後仰，源田拉著板車一邊向前走。當巨大鬼人一棒打在鼓上，那鬼太鼓即發出異常強大的鼓音，四周的房子似乎都震動了起來。

「咚！咚！咚！咚！」

當源田與家鳴鬼族在人間打太鼓時，黑暗已漸漸退去，白晝即將到來。

地獄船襲來

另一方面，冥界的地獄船已經啟航，冥界與人間只有一條河道可以通達，那就是三途河。船隨著河流前往人間，在黑雲間乘風破浪，準備接回因天災所罹難的亡靈。在地獄船上的鬼差們正演奏著迎魂曲，然而當他們到目的地前，竟聽到從地上傳來陣陣聲響，巨大聲響的聲波形成一道道堅強的防禦，讓三途河起了大浪，使得被沖擊到的地獄船偏離原本預定的航道。

鬼差們：「不好了！大浪來了！」地獄船的鬼將只得急忙下令朝北方開去。

明治三十九年三月十七日早上六點十二分，地獄船偏離航道來到嘉義北方的打貓與梅仔坑一帶，此時發出巨大規模的地震，一陣天搖地動晃了約四、五分之久。大小餘震不斷，梅山坑滿目瘡痍，到處房屋倒塌，當地人們死傷慘重。

同時間，嘉義市區由於巨大的太鼓聲，讓居民紛紛走出來查看究竟。大夥走到嘉義公園空曠處，看看到底是發生什麼事？為什麼會有這巨大的聲響傳來？

此時，一陣天搖地動。

「是地震！是地震！而且很大！」

大多數的居民都因為好奇走出屋外，所以人數的死傷比打貓、梅仔坑一帶少很多。人們紛紛聚集，但是看到的卻不是鬼人在敲打，而是含著眼淚在敲打的源田。

原來，當五點五十分射出日出第一道光芒時，源田才猛然想起鬼族不能照到陽光，他趕緊回頭看，沒想到鬼族為遵守拯救人類的約定，仍堅持敲打到最後一刻。家鳴鬼族一個個被照射到消失於無形中，最後只留下小角。

小角看著源田：

「源田大人，謝謝你，我們一起努力過了，人類與鬼族是好朋友，從我們之間的友誼就可以知道。我沒有任何遺憾，我們只是回到地藏王菩薩的身邊去。再見了，我的好友，源田大人。」

小角說完後，日出最後一道陽光射中了他，源田追過去大喊：

「快逃啊小角！不要啊！」

小角對著源田微笑著：

「這次，不逃了……源田大人。」

源田接起掉落在地上的兩根打擊木棒，在太陽的照射下，他用憤怒的力量讓太鼓發出沉重的聲響，直至地震結束為止。人們在空地上看著一個穿丁字褲的男人在揮汗如雨打擊，但其實，那男人是留著眼淚在打的，因為他正在為他的家鳴鬼族們送行。

劫難過後

丙午大地震過後，為搶救災民，各地的巡查與軍隊們接力投入救災。當地居民為派出所巡查們努力救災、指揮救災的認真模樣所感動，也在災難之後重新接納新的移民者。這場天災，雖帶來損傷，但也讓人們放棄既有的成見與包袱，並開始學會包容與互助。

那艘地獄船一共載走一千兩百四十七個亡靈返航，有二千三百九十九人受傷，以及一萬一千九百九十二棟家屋倒壞。日本地震學者大森房吉來台調查，發現震央位於打貓與梅仔坑之間的斷層。嘉義當地名醫莊柏榕對於諸多因震災而罹難的亡靈深感傷痛，於是向日本政府申請立碑紀念，即現在嘉義公園內的「丙午烈震紀念碑」。

地震發生後，嘉義廳長岡田信興向台北總督府求援，總督府立刻組成醫護救難團隊南下救災，並預支撥款救難急助金投入救災。那麼源田呢？在大地震過後一年，他辭退巡查的工作，回到大阪學起打鼓技藝，並創了個新的名字叫「鬼太鼓」。

在要離開嘉義的前一晚，源田走到紅毛井，看著井裡倒映的滿月，突然聽見一個熟悉的笑聲：

「嘻……嘻……」

轉頭一看，是小角！

小角開心地看著他：「源田大人，我捨不得人間美味又偷跑出來啦，我們一起喝酒吧！」

哭得像淚人的源田舉起右手，擦擦眼淚說：

「好！今夜我們不醉不歸！」

源田再次蹲下身，用右手掌放在地上讓小角走過來，再放在自己的左肩上，在滿月的嘉義東門町下好友重逢。

至於那太鼓最後下落如何？因為地震的關係根本沒人在意這件事，最後源田乾脆一不作二不休燒了太鼓，免得留下偷竊的證據。而城隍廟裡的那只算盤，城隍爺則正在傷腦筋，源田米三這筆帳到底該怎麼算才好呢？

歷史小學堂

1．梅仔坑地震發生於明治三十九年（西元一九〇六年）三月十七日早晨六點四十三分，因梅山斷層活動，引發芮氏七點一級強烈地震，導致梅山與民雄間死傷慘重，共一千二百五十八人遇難。事件過後，由當時嘉義名醫莊伯容立「丙午烈震紀念碑」以資紀念。

2．位於蘭井街的紅毛井傳說由荷蘭人所開鑿，但並無文獻可以佐證。目前在台灣留有二口紅毛井，一口在嘉義，另一口位於彰化市八卦山下。

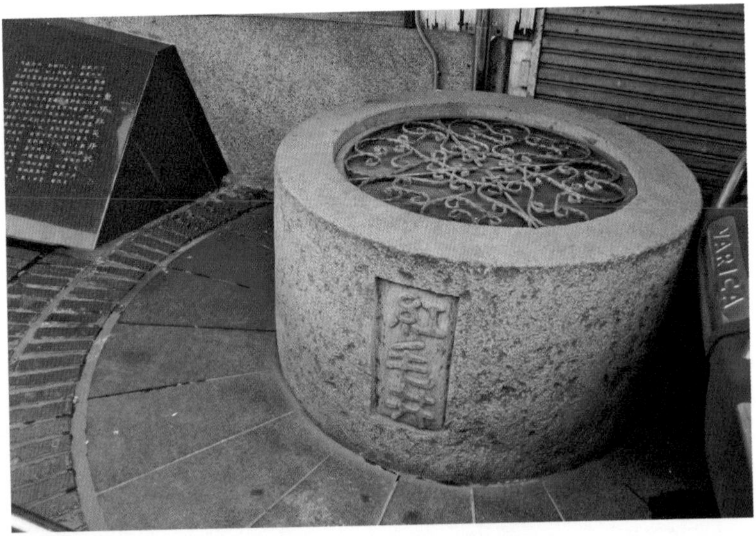

紅毛井。

嘉義公園裡的丙午烈震紀念碑。

MAP & info.

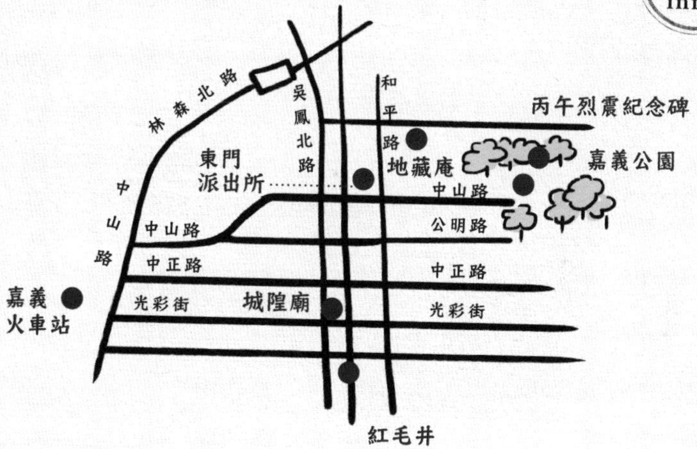

公路

- 於國道中山高嘉義交流道下沿北港路直行可抵達嘉義市區。
- 嘉義警察署東門町官吏派出所：嘉義市共和路 228-236 號。
- 嘉義城隍廟：嘉義市吳鳳北路 168 號。
- 嘉義九華山地藏庵：嘉義市民權路 255 號。
- 丙午烈震紀念碑：嘉義公園內，沿民族路可抵。

鐵路：於嘉義火車站下車。

公車：

- 嘉義警察署東門町官吏派出所：搭 7202、7203、7204、7210、7214 於公明路站下車步行前往
- 嘉義城隍廟：搭 7210、7214、7215 於南門站下車沿吳鳳北路往北步行遇光彩街右方可以見到牌樓。
- 嘉義九華山地藏庵：搭 101、102、7304、7305 於吳鳳北路站下車，往北行見民權路右轉直行可抵。
- 丙午烈震紀念碑：搭 7211、7212A 於嘉義公園站下車。
- 紅毛井：搭 7210、7214、7215 於南門站下車步行沿吳鳳北路見蘭井街後右轉可以抵。

no.
10

姥姥火

辛苦養育兒子的寡婦，偷取慈覺寺的燈油，
只為讓孩子在夜裡能有盞明燈。寺裡的住持也知道這一切……

慈覚寺
丙戌年桂月
泉信

檜町的孤兒寡母

明治四十年（西元一九〇七年），有一戶貧苦的家庭遷移到檜町，由於相當貧困，男主人只能在鐵路沿線找塊空地搭蓋簡易的木造房子。這位男主人名叫谷川，谷川的家鄉來自日本九州鹿兒島一帶，因為聽聞台灣的阿里山正在進行開採，待遇遠比家鄉收入高出許多，於是向「藤田組」報名想去台灣工作。谷川被安排擔任鐵道建設工人，但在鋪設鐵路時，因火藥引爆土石崩落來不及逃跑而罹難。

谷川太太聽說先生發生意外後趕至北門驛等待，結果卻是一具丈夫的遺體。她相當難過，除了失去丈夫，還有未滿一歲的孩子必須撫養，帶來的錢因為喪葬費與買地而所剩無幾，母子兩人生活陷入困頓。谷川太太平日當臨時工人賺取微薄薪資度日，然而為給孩子更好的物質，被貧困所逼的她，開始了偷竊之路。

和尚的佛心

因為需要糧食，谷川太太每天走到東門市場撿一些菜販不要的爛葉來吃。有一日她揹著孩子經過慈覺寺，順道進去向佛祖行禮，當她看到佛龕兩旁燭台所點的燈油，又興起想偷的念頭（燈油在當時很昂貴，貧苦人家買不起）。回家後，趁著孩子熟睡她悄悄地回到慈覺寺偷燈油。偷燈油前，她向觀音佛祖膜拜道歉，表示因為買不起燈油只好先借來用，往後有能力再一併歸還。早已醒來的住持在些微打開的拉門後方靜靜觀察。

燈油偷到後，谷川太太趕緊跑步離開，沒注意到身後跟著一位和尚。她回到家後立刻點燃起一盞燈，原本黑暗的室內頓時有了光明，再輕撫著孩子哄睡。從門縫看見此般景象的住持，拔一些菜與米放在谷川家門前，趁著天亮前趕回慈覺寺做早課，並向觀音請求原諒偷燈油的谷川太太。

佛寺裡的小和尚覺得很奇怪，每天的燈油似乎燒得特別快，起了疑心想在晚上一窺究竟。當他們發現偷燈油的谷川太太出現，拿起掃把準備要抓竊賊時，住持抓住他們的手。

「讓她拿去吧！我們不缺燈油，燈油也是由眾位施主所奉獻，沒關係的。」

「可是師父……」

「我說沒關係，每天多加一點油就是了。」

谷川太太每次偷完燈油都會趕回家點燈，只是希望孩子醒來時，能感受到家的光明，不會對黑暗恐懼。她也對每天都有青菜與米糧放在門口感到很好奇，不知是哪位善心人每天都會放這些食物在門口。有天她靜靜地守在門後，聽到腳步聲時，從門縫中看到一位和尚悄悄地放下米糧後轉身離去。發覺是慈覺寺住持的她，當下痛哭失聲，不僅是為自己的行為感到愧疚，也為住持的寬容慈悲充滿感激。

命運的捉弄

終於拉拔長大到十五歲的兒子，表示想要上阿里山伐木賺錢。谷川太太雖不忍兒子遠去，但因家中經濟始終無法改善，只好答應。當兒子搭乘阿里山線火車上山時，谷川太太將成雞肉飯糰用布包好，拿給月台上的兒子。列車離去時，谷川太太跟著火車走到月台末端。對火車大喊著：「兒子，當工作完成後要趕緊回來喔！媽媽在家等著你！」

「我知道了，母親大人請不要擔心，我很快就會回家了！」

兩個星期後，第一批工人搭火車下山，谷川太太很早就來到火車站前等候兒子的歸來。許多工人陸續與家人開心相見，但是自己的兒子卻仍不見身影。當人群漸漸散去，最後只看到一個熟悉的鄰居身影慢慢走來。

「山田先生、山田先生，請問你有看到我的兒子嗎？」

「谷川太太，請鎮定點，妳兒子在伐木中失蹤了。大家找了許久都沒發現到他的屍體。也許……也許……他還活著也說不定。」

谷川太太聽到後癱軟地在地上哀痛哭泣，等眼淚乾了，才如失魂似地走回家中。回到家，看見屋子裡空蕩的一切，原本是迎接兒子回來的日子，如今他卻可能死在山林間而再也回不了家。

「我……我活著還有什麼意義，人世間真的太苦了，丈夫兒子都死了，那我活著一點意義也沒有。」

慈覚寺
2392995
2272675
覺悟眾生證菩提

她拿出僅剩的燈油，點起最後一盞燈，將可燃的物品堆在一起引火自焚。火光不一會兒就燒毀谷川家，街坊鄰居都趕來救火，只是當火災熄滅後卻沒發現谷川太太的遺體。

從那天後，只要有人點燃家中油燈，都會看見燈火裡有個滿臉哀愁的老婆婆鬼魂，且不止是一戶兩戶，整個檜町都籠罩在鬼火姥姥恐懼中。一連數天皆是如此，嚇得大家不敢在晚上再點燈。

母子重逢

慈覺寺住持聽聞檜町谷川家被燒掉之事，隨即趕去現場，看著燃燒過後的餘燼雙手合十默默祈禱。住持要離開時，一旁鄰居說起晚上點燈會出現一個鬼火姥姥的鬧鬼事情，住持承諾晚上再來渡化亡靈。

晚上住持再次來到谷川家，將燈油點亮後放在燈罩裡，果然出現一個老婆婆哀愁的臉說著：

「我好苦……我好苦……我好不甘心……不甘心……」

住持鎮定地說：「人間還有什麼事讓妳不甘心？」

「我好不甘心，上天奪走我的丈夫與兒子。」

「女施主，人生壽命有長有短，他們只是在屬於自己訣別人間的時間離開而已。」

鬼火姥姥發現眼前說話的人，竟是慈覺寺的住持，當下慚愧不已，跟住持懺悔生前偷燈油的事情，火焰逐漸變得黯淡。此時，一旁傳來一陣腳步聲。

「母親大人，我回來了！」

兒子回到家中，看見一切當場愣住。原本想抱住母親痛哭，火焰卻燒得他無法靠近，因為這是谷川太太生前偷竊所造的業報。鬼火姥姥被烈火燃燒著，痛苦的她想化為人形抱住兒子，這是唯一且最後的心願。明瞭這一切的住持跟鬼火姥姥說：

「妳並不是偷燈油，而是佛祖借給妳用而已。」

鬼火姥姥聽到這句話，原本哀怨的業力火焰逐漸消失，變回全身焦黑的谷川太太。她落下眼淚，感謝佛祖的原諒，也感謝住持給予的無私幫助，甚至在變成怨靈的最後一刻仍給她一個身為母親的尊嚴。

谷川太太焦黑的碳塊開始崩裂，兒子流淚抱著她僅存的身軀。谷川太太看到兒子平安歸來，覺得已了無牽掛，她囑咐：

「孩子，若有朝一日成功了，莫忘慈覺寺住持的恩澤，拜託你了！」

在月光照耀下，谷川太太已燒焦的大體開始脆化成灰，隨風消散於天地之間。兒子雙手貼著地上大聲痛哭：「您放心，我一定會遵守您的遺願！」

天漸漸亮了，住持起身說：「男施主請節哀順便，南無阿彌陀佛！令堂只是前往西方極樂解脫苦痛。」

空襲餘生

十多年後，谷川努力地在林木業賺進大筆財富，他謹記著母親生前的遺願，奉獻燈油與金錢報答慈覺寺的恩情，並資助許多貧苦的市民，成為人人口中的大善人。

太平洋戰爭時美軍空襲嘉義市區，谷川所住的檜町沒被燒毀，空襲過後，他捐出所有的財富幫助流離失所的災民重建家園，被遣返時，許多受到幫助的人皆前去嘉義車站相送。谷川回到日本沒多久後就因病去世，鹿兒島的鄉親親自為他送行，嘉義的林業俱樂部也為其舉辦公祭。

慈覺寺成為嘉義大空襲下唯一沒有被燒毀的佛寺，幸運地躲過戰爭保留至今。聽說當美軍轟炸機駕駛到嘉義上空時，看見雲霧中出現一位鬼火老太婆，讓原本要投彈的他猶豫數秒，也因為這數秒讓慈覺寺一帶的居民沒受到戰爭波及。而那火焰到底是誰，相信聰明的讀者一定知道。

歷史小學堂

1．檜意森活村，原名檜町。是日治時期台灣總督府營林局嘉義林場宿舍區，目前是台灣少數保留完整的林業聚落。因為此處是阿里山鐵路之始，並且許多阿里山林木運下山後會堆放置除木池內，當年大量的檜木漂浮在池旁，故稱檜町。

2．慈覺寺。興建年代不詳，是日治時期唯二保留下來的佛寺，資料相當缺乏。

北門火車站。

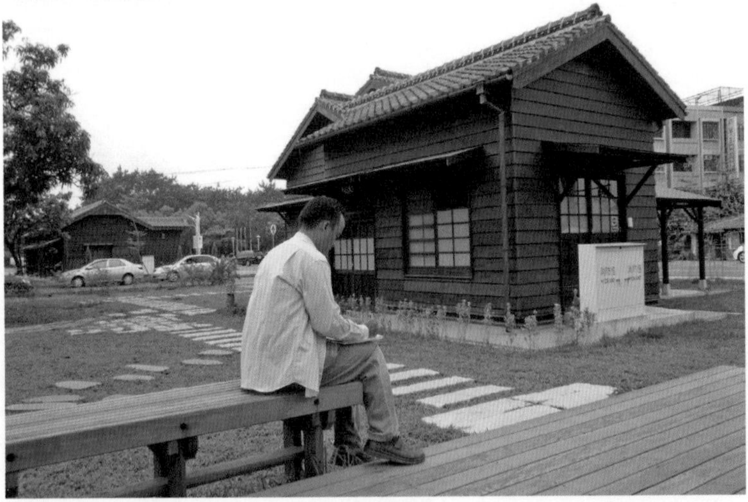

筆者於檜町寫作調查。

MAP & info.

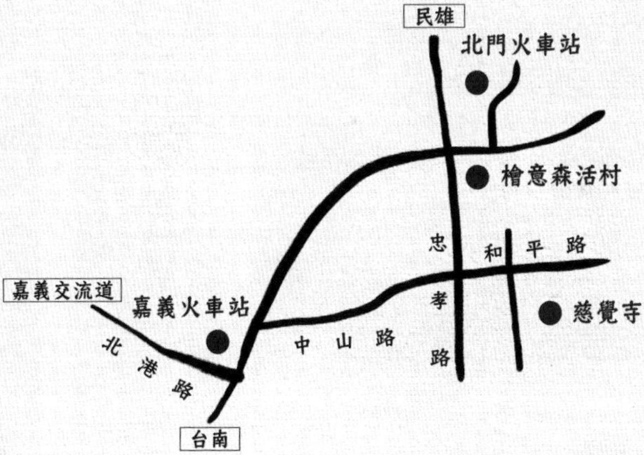

檜意森活村

嘉義市林森東路與忠孝路口

公路　國道一號嘉義交流道下沿北港路到嘉義市區過天橋抵民族路後，遇到中山路左轉直行林森西路後可接林森東路在右手邊即是。

公車　101、7312、7319、7321到檜意森活村下車。

慈覺寺

嘉義市和平路182號

公路　國道一號嘉義交流道下沿北港路到嘉義市區過天橋抵民族路後，遇到中山路與共和路交叉口停車場後方。

公車　7201、7202、7204、7205於行政執行處下車後往回走，至共和路可見有停車場，旁邊即是慈覺寺。

不動明王
明王寺

no.

11

不動明王戰雙蛇

北投的溫泉守護神不動明王，
在他出現前，
有對蛇精正在此作亂……

夢中的復仇

日治時期，日本許多文化相繼傳入台灣，舉凡宗教、飲食、服飾等。在日本宗教中最具特色的通靈人，就是陰陽師。陰陽師如同台灣的乩童，也有自己的守護神，不動明王則為台灣較知名的日本神祇之一。

不動明王在日本佛教中佔有重要的地位，祂右手拿智慧劍，左手拿金剛索，後身充滿火焰，全身呈現青藍色，怒目而視，為如來化身中最強的面貌，同時也是重要的溫泉守護神。能以不動明王的為指導靈的通靈人甚少，幾乎是家族傳承。

一百多年前，在北投不動明王寺附近曾傳說有一公一母兩條千年蛇精盤踞出沒，加上因那一帶經常煙霧瀰漫，許多入山的人或行旅者皆有去無回，因此更加讓人害怕。但因北投有得天獨厚的溫泉資源，加上日本人並不採信這個傳說，故仍在北投大肆開發，也因此減少動物的生存棲地。

某天夜裡，佐野莊太郎夫婦到「[1]天狗庵」泡露天溫泉，他們邊泡邊享受四周山景的靜謐。突然，佐野發現往北方向的山頂上出現奇怪的四道光芒，轉頭問太太：

「久子，你有看到嗎？」

「看到什麼？那山邊什麼都沒有啊！」

「不可能，剛才有四顆明亮的青光朝這裡照過來。」

「你想太多了，在這偏僻的山上也不會有燈啊！」

當天夜晚入睡時，佐野夫妻夢到同樣的夢：一位男勇士正與蛇大戰，旁邊還有一位女子，突然旁邊傳來一道聲音：「我終於等到了！你們害我的氣管受到重傷無法治癒，這千年來我每天都受這種苦。你們總算又回到人間，這一次我會徹底殺掉你們！」一隻大蛇張口朝他們衝去。佐野夫妻同時嚇醒，冷汗直流地互看。從這一天起，兩人每天都會做同樣的噩夢，導致天天精神不寧。

有一天好朋友金川重一先生來訪，看到他們神色有異，便問：「你們最近有發生過什麼事嗎？為何好像兩人都沒精神的樣子？」

佐野夫婦說出連日來都做相同的噩夢，金川瞭解原因後，邀請佐野夫婦一同前往圓山的臨濟護國禪寺。

不動明王的召喚

臨濟護國禪寺的住持梅山玄秀聽完他們的遭遇後表示：「兩位施主，這一切都是屬於前世因果，

1．日治時期北投第一家溫泉旅館，也是台灣第一家日本式溫泉旅館。

你們在前世得罪蛇精，今生投胎轉世為人，卻又再次相遇。雖然我沒辦法幫你們，但目前在我寺正好有位來自於京都的不動明王傳人，小川銀藏法師，也許他能提供幫助。」

小川銀藏原本住在京都，某天於神社參禪時，聽到不動明王的召喚：

「小川，我們必須去一趟台灣，那裡有需要我們幫助的人。」

就像冥冥之中的安排，小川到台灣後至臨濟護國禪寺掛搭修行，也因此遇見佐野夫婦。

小川見佐野夫婦三魂七魄的元神皆已被蛇精封印，先帶他們到大廳，請他們站在蓮花墊上面向佛祖，再請梅山點燃一柱香，口念不動明王心咒：「南無三曼多哇日囉赧憾　南無三曼多哇日囉赧憾　南無三曼多哇日囉赧憾　南無沒鈷三曼多　南無沒鈷三曼多　南無沒鈷三曼多　南無沒鈷三曼多……」

佐野夫婦的元神已調回，然而公蛇精也隨之出現：

「誰叫你多管閒事了！他們上輩子害我，我今生要他們償還！」。

小川：「冤冤相報何時了，你若不放下恩怨，我也只好訴諸武力！」

雙方展開隔空鬥法，案桌上的蠟燭燈火也跟著激烈晃動。不動明王附身於小川身上，打開一道時光裂縫，與紅光一同消失於眾人眼前，瞬間移動到蛇精所在之處。

雙方於不動明王寺與大砲岩附近再次大戰，不動明王使出法器金剛索，公蛇精被套住後，就像被電到一樣，痛苦難耐地大吼：「我不甘心啊！可恨！」

不動明王口念降魔咒並再使出智慧劍，原本在空中的公蛇精被斬成數段，靈魂被不動明王吸

臨濟護國禪寺華麗的木結構，
堪稱台灣佛經建築中的精品。

走，身軀則躺在山上化成石頭（今北投大砲岩）。

公蛇精死去後，母蛇精現身，怒氣沖沖地衝向不動明王：「還我丈夫，我要跟你拼了！」

「今天我就一同收拾你們這對留戀人間的蛇精！」

母蛇精雖閃掉智慧劍的劍氣，但仍躲不過致命的金剛索，同樣被牢牢地綑綁。不動明王身體再次發出熊熊火焰，將母蛇精同樣斬成數節，並吃下其靈魂果。母蛇精的軀體掉落到地面上，化為一堆巨大碎石（今北投熱海岩場）。

降伏完兩位蛇精，不動明王將兩眼紅光集中後全力一轟，北投煙霧瀰漫的景像頓時全部散去，終於可以看見天空的星辰。原來，那些霧是蛇精累積千年怨念所吐出的氣。

降伏雙蛇建寺

不動明王移動回圓山臨濟護國禪寺大雄寶殿，對佐野夫婦說：「你們的冤親債主雖已經被我剷除，但必須供奉牠們，用人類的香火解開這累世恩怨。我命你們前往一處有瀑布的地方建立牠們的碑，再立我的像於一旁的洞中。牠們皆會被我所收，立於左右，母蛇名大蛇明神，公蛇名青龍明神，切記不可忘。我們將會庇佑鄉里，北投也將欣欣向榮。」

不動明王說完後退去，小川恢復原來的身體後便倒下呼呼大睡。

隔天一早，佐野夫婦急忙前往不動明王指示的地方，發現在一顆巨石下方的確有個洞窟，一旁則有瀑布，於是捐錢建不動明王寺，並於神社一旁的洗手台刻上救命恩人金川重一、小川銀藏的名字以資紀念。佐野夫婦也在北投開一間名為「星乃湯」的溫泉飯店。

從那時起，北投溫泉因不動明王的庇祐而興盛至今，那對蛇精也就此成為鎮守不動明王的手下部將。

歷史小學堂

1・不動明王寺石窟。創建於（西元一九二五年），為北投著名旅館星乃湯業者佐野莊太郎為祈求生意興隆所建。在本島屬於相當罕見的洞窟型佛寺。

2・圓山臨濟護國禪寺。創建於明治四十四年（西元一九一一年），日治初期由台灣總督兒玉源太郎邀請僧人梅山玄秀禪師來台弘法，是台灣唯一冠以護國之名的佛寺。

大蛇明神（公蛇精）石碑。

青龍明神（母蛇精）石碑。

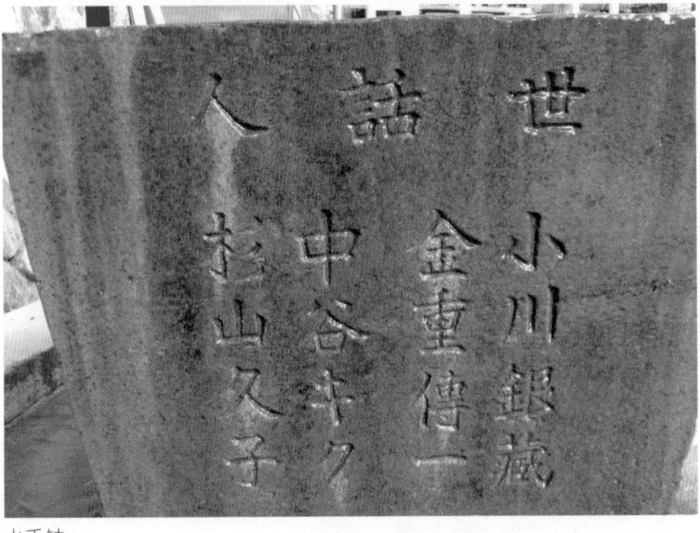

水手缽。

MAP & info.

北投不動明王石窟

台北市北投區幽雅路杏林巷 2 號

公路　國道一號重慶北路交流道下，接中正路至承德路四段再接磺港路可來到新北投，沿中山路直行幽雅路，見到杏林巷後直行可抵。

公車

① 新北投火車站下車，沿中山路直行幽雅路後看見杏林巷指標右轉即可到達。

② 搭乘 230、小 25 至北投文物館站下車，往杏林巷內走約五分鐘。

圓山臨濟護國禪寺

台北市玉門街 9 號

公路　國道一號重慶北路交流道下直行至酒泉街左轉到底即可抵達。

捷運　圓山站下車。

公車　搭乘 1877、1878、1879、2022 於圓山轉運站下車。

no.
12

青行燈

一位吝嗇的富商，
決定做的第一百件事，
讓此後的人生有了徹底的轉變……

神秘的富商

昭和十六年（西元一九四一年）十二月十七日凌晨，嘉義中埔發生一場規模七級左右的大地震，造成三百六十人死亡、七百多人受傷，房屋全倒四千四百多棟，半倒的也有六千七百八十多棟。這是嘉義歷史上有紀錄第二大的地震。大地震後，有位神秘的富商，除了將自行經營米行庫存的米糧一併捐出賑濟災民，還將自己的豪宅大院開放收容災民，種種善行讓大家稱頌。

但在這之前，他為人相當吝嗇自私，也十分讓人厭惡。

為何一位原本評價極差的富商會有如此的轉變？其實大地震後，原本富商也很開心地盤算這場「災難財」，欲從中獲得台灣總督府高額的採購量。然而隔天卻不小心被自己所珍藏的一具稀有佛像砸中頭部，倒下而昏迷。

一生回溯

當富商陷入昏迷時，一位自稱是「青行燈」的鬼使者來到他的身邊，拿出一紙燈籠，再用富商的魂火點燃裡面的白蠟燭，等待富商的生命終結時帶上船交差。

由於冥界規定，在每一位亡靈火光熄滅之前，必須回想自己人生做過的一百件事情。於是富商開始回溯從小到大的經歷，當他講到自己的惡行時，青行燈露出開心地表情；講到善行時，青行燈則露出厭惡的表情。在富商講完五十件做惡、四十九件為善的事後，青行燈要他說完最後的第一百件事。

富商已逝世母親的樣貌突然浮現於他的腦中。善良的母親是富商所尊敬的對象，在他小時候，母親常背著他去窮苦人家送白米。母親常告訴他，有能力時就要幫助那些正在受苦的人，而這些情景、這些話也一直存在富商最深的記憶裡。

富商回想起過去的一生，在雙親亡故後妻子、孩子與朋友全都離自己而去。到底原因始自於何？始自於一場好友對自己的背叛。好友的惡意欺騙，讓富商背上著重大的債務，雖富商沒有被打倒，但追求財富的慾望使他喪失原本善良的本性，對員工過於吝嗇且斤斤計較。

許多人對富商感到厭惡，但為了生活卻又不得不做下去，只有曾在困頓時受富商幫助的管家，知道他本性是善良的，所以願意守護在富商身邊等待其醒悟。

「做回原本的你吧！」

回憶至此，母親魂魄現身了，富商趴在母親大腿上痛哭懺悔自己的過去，並逐漸找回原本善良的初心。

及時的醒悟

當富商向青行燈說出自己的第一百件事，就是想捐出自己所有的積蓄幫助災民時，其魂魄的火焰頓時變得強大而溫暖，並跳回去富商的身體。青行燈第一次碰到這樣的情形，只好提著燈箱悻悻然地走向黑霧中離去。

富商恢復意識後對管家表示，決定開倉救民，並且收容災民到洋樓中暫住，由他負擔所有一切生活開銷，直到家園重建完後再向災民採買所有生產的農作物。

人們皆非常感激富商的幫助，其善行也獲得日本天皇的褒揚，甚至連原本遠去的妻子與孩子，也在聽聞富商的轉變後，回到家中共同生活，富商從此過著人生真正快樂與幸福的日子。

歷史小學堂

1．中埔大地震：昭和十六年（西元一九四一年）十二月十七日凌晨，震央在嘉義縣中埔鄉，震度七點一級，是日治時期嘉義第二大地震紀錄。

2．陳實華洋樓：陳實華為日治時期民雄三大富人之一，本身曾任於五穀王廟主委，其宅第於七十多年後，由後人售於五穀王廟作為公園使用。本故事即是以此洋樓為文學地景作為故事發想，與故居主人並無關係。

MAP & info.

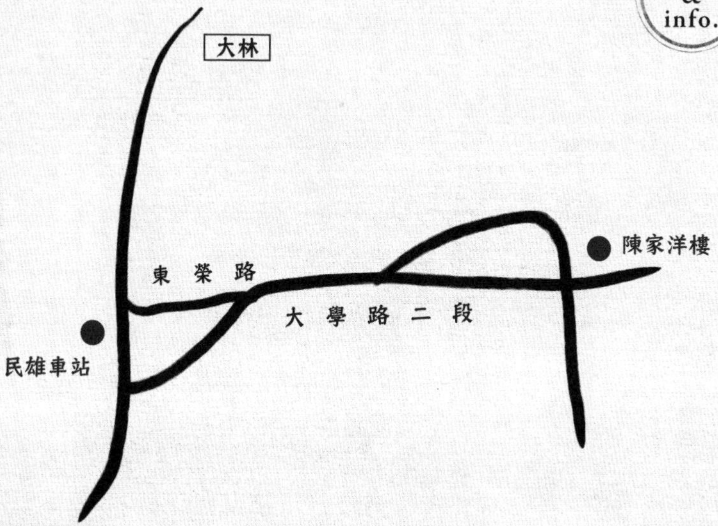

五穀王廟

嘉義縣民雄鄉豐收村 38 號

公路　國道一號大林交流道下沿民生北路直行遇到忠孝路右轉直行建國路一段至民雄市區後，遇到大學路三段左轉直行可抵豐收村，陳家洋樓就在五穀王廟對面。

鐵路　民雄火車站下車再轉公車。

公車　可搭 7306、7309 於豐收村站下車。

no.
13

橋姬與白鯉

大屯山腳下的百年石板橋，
傳聞有位女子徘徊於橋上，
近看卻又消失不見蹤影……

池邊的心願

在日本的傳說中，每一座橋都有一位守護它的女神存在。在台北有座橋也有著這樣的故事。它是位於大屯山腳下的三板橋，這座橋建於清同治十年（西元一八七一年），原本是為方便兩岸居民交通往來而建。三板橋橫跨大屯溪，橋下的涓涓流水，彷佛隨時在演奏一場讚美著守護愛情傳說的音樂會。故事的主角是有著北海岸第一美女之稱的「橋姬」。

橋姬出生於日本貴族世家，無論在詩、唱、彈古箏上都有高超的技藝，台灣總督明石元二郎也曾親自招橋姬去總督府演奏。橋姬的美貌讓人驚嘆，許多達官貴人都爭相想娶她為妻，但都被拒絕。某天，橋姬獨自走至家中庭園，低頭看著魚池喃喃自語：「魚兒、魚兒，你們可知道我的煩惱？」池塘裡的魚群仍自顧自游著，只有一隻白鯉魚，游到另一邊回頭張望著依靠在庭廊欄杆上的橋姬。

橋姬繼續說：「魚兒們你們知道嗎？在我華麗美豔的外表下，有著個寂寞的孤芳心靈。世人皆只見我的外表而驚嘆，熟不知我也想過著自由自在的生活，到名川去划舟，到湖泊畔彈古箏，逃出這個無形的囚牢。若能遇到懂我內心的男子，我將終身委身於他為妻。但是我需要的是，不貪圖我的外貌而是一個願意真正懂我內心的丈夫。」

那條白鯉魚聽到橋姬的話，心中不斷默默地向月亮許願：「月娘，可否傾聽我的願望？」

三板橋下方的深潭。

當天晚上是滿月，忽然間，月亮開始發光，一道人影從空中現身，身旁有隻玉兔手中拿著像是旌旗的東西，一同緩緩走下。嫦娥與玉兔來到池塘邊，呼喚那隻白鯉魚。

嫦娥：「白鯉魚兒，我聽見了你的願望，你是不是想變成人類帶橋姬一同離開這地方呢？」

「月娘，若您願意幫我達成願望，我會報達您的恩情，為您效犬馬之勞，服侍在您的左右。」

「我願意實現你的願望，幫助你成為人形，但是只能在晚上變成人形出現，因只有在晚上的世界是由我掌控，這樣可以接受嗎？」

「只要能在橋姬身旁，無論時間有多短暫，我皆願意也十分感謝。」

嫦娥將手上的月瓶水輕輕倒入魚池，魚池發出金光，白鯉變成一位英俊男子的赤裸樣貌。玉兔揮揮手上的旌旗，出現一套衣服與笛子，接著閃亮的星點光芒將白鯉的身體包圍，最後形成一位貴公子的打扮。

笛聲相會

那天深夜，橋姬的臥房附近傳來笛聲，聲音動聽卻帶著一點哀愁。橋姬從睡夢中醒來，聽得出音色為上上之選，不由自主地推開木門往笛聲的方向尋去，見著一道人影坐在庭廊的欄杆上吹奏。

橋姬：「是誰？是誰在那裡？」

黑影人靜默不語，橋姬再往前探，此時月光映照在兩人之間，黑影人的臉龐逐漸清晰。

「請問先生是誰？」

「橋姬，我終於見到妳了！」

「你是誰？你怎知道我的名字？」

白鯉用深情的眼神望著橋姬：

「我名叫白鯉，是位在此借宿的商人。因想起自己的家鄉，所以不由自主地感傷了一下。」

「你好像有很多心事，我可以聽你分享嗎？」

打開話題後，兩人坐在月光底下無話不談，從那天起，白鯉與橋姬每天晚上都會相約見面，享受著只有夜晚才能擁有的兩人世界。

火燒樓閣

然而紙終究包不住火，一位也偷偷暗戀橋姬的伙夫發現這個秘密，心中起了歹念。某天晚上伙夫趁橋姬幽會結束回房間時，一把將橋姬抱住：

「橋姬，妳知道我有多喜歡妳嗎？妳知道我對妳的愛意有多深嗎？」

橋姬努力掙扎，不小心踢倒窗戶旁的燭燈，火苗立刻點然窗簾，引起大火。伙夫在慌忙中自行奪門逃出。其他人也發現火災，然而火勢越燒越大，沒有人敢靠進橋姬的房間。

「難道我就此結束生命了？白鯉再見了，咳、咳、咳……」橋姬掩面哭泣著。

此時，一道月光射進池塘中，白鯉化身成人衝進橋姬所在的房間著急大喊：

「橋姬？橋姬？妳在那裡？我是白鯉！」

發現橋姬後，白鯉抱著她衝出火海，來到三板橋停下休息。橋姬仍昏迷不醒，白鯉試圖喚醒多次未果後，難過地抬頭對著天空再次呼喚：

「月娘，您有聽見我的祈禱嗎？月娘！」

白鯉之死

聽見白鯉的呼喚，嫦娥與玉兔再次走出月宮，向白鯉說：「生死自有定數，若真的想要救活她，必須前往西邊摘下一朵名為『金石蒜花』的仙花。然而此花只會開在太陽剛起之時，且路程有段距離，就算可以摘到再趕回來，你也會被陽光照到而現出原形喪失生命，這樣做值得嗎？」

「無論路途有多凶險，只要能救活橋姬，我犧牲掉也無所謂！」

白鯉將橋姬放在三板橋附近的草寮安頓後，隨即往西邊的方向尋找金石蒜花。當白鯉走到楓樹湖時天已微亮，好不容易找到並摘取後，太陽已快露臉。

白鯉：「只要再等一會兒，再一會就好，上天再給我一點時間吧！」

白鯉往三板橋方向趕去，就在快回到原處時，原本躲在大屯山後的太陽冉冉上升，被陽光照到的白鯉身體開始產生裂痕，白鯉用盡最後力氣走至三板橋，倒臥在橋畔北邊。

白鯉用最後一口氣說：「橋姬，今生我就只能到此為止了。月娘請您幫我救活橋姬，這是我今生最後的願望。」

嫦娥輕嘆一聲，使用法力讓橋姬復活，醒來的橋姬看到倒在三板橋北邊的白鯉屍體，似乎明白了什麼事。此時太陽光已完全升起，月亮消失了。

橋姬走到橋的南邊，因過於悲痛不禁倒下，她流著淚哭喊：「白鯉、白鯉，等等我啊！」

倒在橋兩邊橋姬與白鯉的身體，突然開始分解成一顆顆似螢火蟲光點的光球，隨即消失不見蹤影。

自此之後，兩人的靈魂就在橋的一南一北等候著。當晚上月亮升起，嫦娥會將阻隔在兩人之間的通道打開，讓兩人得以於橋上相會。

古樸的三板橋。

黃金石蒜花。

歷史小學堂

三板橋：創建於清朝同治十年，分三段用石板所建成。早期為處陽明山至三芝方向的交通要道，是居民輸出柑橘水果的重要橋梁。

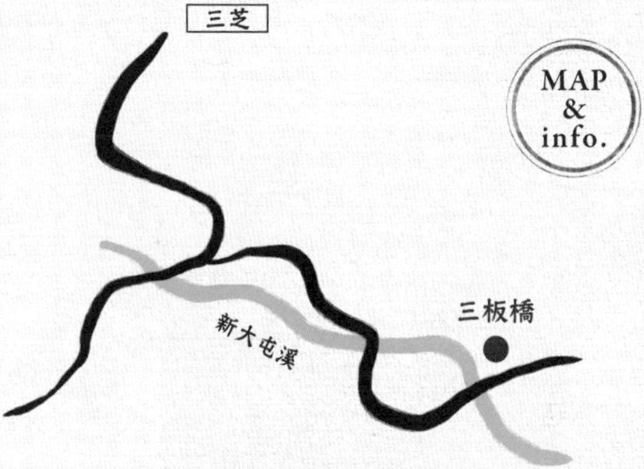

公路

從省道二號往北海岸方向遇北新路一段右轉直行至北新路過龜仔山橋後不遠處見一路牌指引圓山里 9 鄰右轉直行可抵。

公車

搭乘 F133 於三板橋站下車。

no.
14

鹿神姬

溫和善良的獵人拯救一頭小鹿，
三百多年後他們再次相遇，
卻又再度被命運捉弄……

母鹿的犧牲

在很久以前的北投森林裡，有位名為奧立的男子，個性相當溫和善良，由於不喜歡殺戮，每次跟族人去狩獵時只能顧著死掉的獵物，也因此常常空手而歸。

有次奧立與族人照例在圍捕梅花鹿時，一對母子梅花鹿朝奧立的方向跑來，小鹿的媽媽為救自己的孩子，跑往另外的一個方向後不幸被箭擊中。小鹿看到媽媽受傷，難過繞在身旁不想離去。

母鹿：「快跑！你要代媽媽與其他同伴活下去！不要回頭，一定要使勁力氣的跑，媽媽和大家會在那峽谷的瀑布那邊跟你會合！」

小鹿難過地答應媽媽後，轉身快速地往另一個方向跑去。

確定小鹿跑遠後，小鹿媽媽堅定地往獵人的方向衝，耳邊不時傳來咻咻咻的弓箭聲，沒過多久，身體因接連被兩支箭擊中而不支倒地。

「嘶——！」一隻長矛插入母鹿的喉嚨，牠發出痛苦的嘶叫聲，原本望著天空的雙眼也閉上。

「那邊還有一隻小的，別讓牠逃了！」

「奧立！小隻的朝你跑過去了，快射牠，快！」

族人們焦急對奧立大吼，奧立舉起弓箭要瞄準小鹿，但是身體不停地發抖，因為他連雞都不敢殺，更何況是一隻比牠更大的動物。

最後，他將箭朝族人射去，族人應聲倒地，小鹿在一旁顫抖著，瞪大雙眼看著奧立。

奧立：「快跑呀！我不想殺你！」

小鹿回過神後，趕緊跑遠離現場。

族人因為這件事將奧立放逐，並永遠撤銷他的北投社子民資格。奧立告別父母後一個人離開北投社，由於不會打獵，所以只能在山中採野果果腹。但是光吃水果體力顯然不足，不甚因暈眩滑落到山谷裡。

恍忽中，奧立感覺有人正在撫摸他，張開眼睛，發現是小鹿正在舔他的臉頰。

「你怎麼在這裡？我已經被族人放逐了……」

「嘶——」小鹿鳴叫回應。

「小鹿，也許我真的不像男子漢吧！但沒想到還能看見你，你還活著我很開心。可是，我的骨頭好像斷了……我應該活不久了……。」奧立氣若游絲地自言自語著。

小鹿流淚看著即將死去的奧立，他是恩人，自己卻什麼也做不了。

貴仔坑的山上突然亮起白光，山頂發出轟隆隆的聲響，一位山神來到小鹿身旁。

「跟我走吧！我要帶領你去修行，前面的峽谷就是你的修煉之處。我將賜與你人形，從今天起跟隨在我身邊。」

山神舉起右手拐杖朝小鹿點一下，小鹿幻化成一位美麗的女子。

「從今天起妳就是我的徒弟，妳就叫鹿神姬吧！」

「師父，我還有緣可以再跟奧立相見嗎？我尚欠他一份恩情。」

「因緣未來誰也不曉得，一切由天註定，莫強求。」

再續前緣

鹿神姬跟著山神在貴仔坑修行。荷蘭人走後，清國人進駐，郁永河也曾至北投龍鳳谷買硫磺。買硫磺的最後一筆記錄是德國商人奧立。

此奧立正是當年拯救小鹿的少年奧立，此次轉世成為德國商人回到北投，受大稻埕德國領事館之托前去德記洋行買硫磺。奧立與同伴一行人來到龍鳳谷、大磺嘴一帶，硫磺礦區不斷看到噴出的硫磺氣孔，四周都是黃色的結晶石塊。在此處工作的漢人將硫磺土塊切成一塊塊再放到爐灶內提煉，但由於環境惡劣，往往會因損害呼吸系統道而活不久。

奧立心中對於北投感到莫名的熟悉與親切感，當他龍鳳谷勘查完龍鳳谷回程經過貴仔坑時，因天雨路滑小心滑落到山谷裡，失去意識。

不知過了多久，奧立睜開眼睛，看見一隻小鹿在舔著他的臉龐。小鹿看奧立醒後，走到前面頻頻

北投不動明王瀑布。

回頭，好像引導他要去某個地方似的。奧立跟著小鹿來到一座山谷下，突然一陣雲霧飄來，伸手不見五指，只能看到小鹿的影子。經過一會霧散開了，出現一座宮殿。

奧立驚訝地看著：「這是怎麼回事？在這郊外竟然有這麼大的城堡？」

由於小鹿也失去蹤影，奧立只好獨自走向大門敲門。不一會兒，宮殿內部傳來回應：

「是誰啊？誰在敲門？」

「不好意思，我摔落山下迷路，你們可以讓我借過一夜嗎？」

鹿神姬：「讓他進來吧！」

侍女：「是的，小姐。」

宮殿裡面相當氣派，有小橋流水，還有一些亭閣，只是一切好像是真卻又不是那麼真實。侍女帶著奧立來到大廳，奧立見到鹿神姬驚為天人，彷彿整個魂魄都被勾走，完全忘記身上的疼痛。

鹿神姬見到奧立也同樣呆住，一時間空氣彷彿凝結。幾分鐘後鹿神姬才回過神，命令侍女：「妳先帶奧立先生去澡堂盥洗吧！」

「是的，小姐。」

再續前世之恩

奧立沐浴時，腦裡想著剛才所遇見的鹿神姬，覺得彷彿似曾相識卻又那麼陌生，想著想著心跳不斷加速臉也紅了起來。

隔天一早用餐完畢，奧立與鹿神姬在庭園散步，來到一道小瀑布前。

「奧立先生，沒想到還能夠見到你。」

「我們見過面？」

「是的。就在三百多年前，在那時我與母親被你們族人獵殺，你救了我。但是後來在山谷邊發現你時你已經重傷，過不了多久就死了。」

「什麼？三百多年前，那妳是神仙？」

「我是當年你救的那隻小鹿，後來跟隨神仙修行，加上得到此地靈氣我已成仙。但是我唯一念念不忘的凡間事，就是要報答你的救命之恩。沒想到，上天安排我們再次相遇。你有什麼願望想讓我為你完成的？」

「那……我想要妳當我的妻子。」

「什麼？你要娶我為妻？」鹿神姬驚訝地問，奧立毫不猶豫地點頭。

此時，貴仔坑的山神現身說：「一切都是緣份，鹿神姬妳尚有凡間之緣未盡，去吧！」

「師父！」鹿神姬沒想到山神會答應。

「但有段話要記住，為師給妳兩件法寶，一把羽毛扇與一只法銅鈴，另外有一道秘符，非到緊要關頭不可打開。另外因妳要去凡間，我必須要將妳的法力收回。」

山神將鹿神姬變成凡人的女子，鹿神姬跪在地上與師父拜別。

疫神的襲擊

煙霧消失後，鹿神姬與奧立一同回到現實。奧立辭去德國領事館雇員一職，與鹿神姬一同在新北投住下。不久後他們生下一位漂亮的女娃，一家人過著快樂的日子。

然而就在女兒五歲那年，某天夜裡鹿神姬正要就寢時，聽到外面有許多黑影在對話的聲音。

「嘿嘿，我們很久沒這麼快樂了，準備好開始散播瘟疫吧！」

鹿神姬跑出門外追尋黑影，發現那些黑影就是瘟神。

「瘟神要發動瘟疫，這可怎麼辦才好？我現在是凡人，沒有法力可以抗衡怎麼辦？」鹿神姬擔心地一整晚睡不安穩。隔天一早，當地果然爆發瘟疫，人們陸續有全身無力、關節痠痛等症狀。不少人放棄家鄉往外地逃離。

鹿神姬的女兒與奧立也都病得不輕，她日夜不停歇地照顧他們。奧立撐起最後一絲力氣提醒鹿神姬：「五年前師父曾給妳羽毛扇與法銅鈴，現在正是可以打開的時候了。」

「對喔！師父還留給我這兩項法寶。」

鹿神姬打開衣櫥拿出寶盒看，看到師父留下的秘符上寫著：「遇到危急之時，就拿起這法銅鈴與羽毛扇它們會告訴你怎麼做。」

鹿神姬拿起法銅鈴，身上彷彿通了電，法銅鈴拖著她來到一片沼澤地，有塊巨石立於其中。法銅鈴開始甩動，並發出鈴鈴的聲響。

「跳神樂祈禱舞。」法銅鈴向鹿神姬下指令。

召喚水龍神

鹿神姬站在地熱谷的石堆上開始跳祈禱舞，不斷向上天請求解救居民，然而從早到晚，這片沼澤卻無任何動靜。每每想放棄時，她就想起還在受苦受難的村民以及家人痛苦的病狀。

「我一定要相信法銅鈴。」神姬心想著。

一天天過去，鹿神姬持續跳著仍不覺得累，為救活居民與自己心愛的人，她相信意志力可以戰勝一切。第七天晚上，一道閃電打中其中一塊巨石，巨石裂成兩半，守護溫泉的水龍神出現了。

水龍神生氣地說：「妳是誰?竟然敢吵醒我！」。

「我是鹿神姬，我祈求您教我拯救村民的方法。」

「是人類活該！妳瞧他們破壞多少地方，造成多少動物無家可歸！」

「拜託您，水龍神。您要什麼我都可以答應。」

「那我要妳用自己的生命去彌補人類對大地的傷害，妳也願意犧牲嗎?」

「如果犧牲我一人可以救活所有的人，那麼我願意。」

「呵呵呵，不怕死的人類，好，我們一言為定。」

地熱谷的裊裊雲煙。

水龍神飛出至空中，雙眼閃射出紅光，沒多久後開始天搖地動，高溫的熱水從沼澤各地方噴出，大量的硫氣在新北投瀰漫。瘟神受不了這股硫磺氣，一一被化解於無形。沼澤也變成一道熱水池，水位不斷滿起，沖出一條河道連接至北投溪。高溫的熱水與溪水結合，最後形成溫泉。

瘟神消失後，村民們的身體都逐漸好轉只剩些許痠痛。由於煙霧瀰漫，村民紛紛走到屋外，一陣狂風吹起，煙霧退散後他們看見天空站著一個女人。

「那不是奧立的妻子，鹿神姬嗎？」村民們異論著。

「媽媽！媽媽！」鹿神姬也發現媽媽的身影，向天空呼喚。

「村民們，快進入這池子裡淨身，它能除去你們的苦痛。奧立，我們夫妻緣分已盡，謝謝你這五年來對我的照顧。今後女兒也要拜託你了。」鹿神姬在天上流淚，向女兒點頭後消失於空中。

鹿神姬的道別

奧立拉著女兒的手與村民跑去遠處一直冒煙的湖泊，只見鹿神姬站在祈禱石上不停跳舞。她身穿白衣紅裙、頭戴花環、左手拿扇、右手晃著法銅鈴，每跳一回身體就變得更透明，最後消失於湖泊中。村民感動地跪拜，奧立則強忍悲痛，因他知道終會有這一天的到來。

此後這地方不斷冒出熱水，日本人稱「青磺泉」，當地則稱「母親之河」。之後奧立在鬼子坑峽谷旁立「鹿神姬祠」作紀念，並開一間溫泉俱樂部，供外國人使用。

日治時期時，奧立將房子賣給平田源吾，帶女兒回德國，從此再也沒有回到北投。奧立另有送一尊梅花鹿的銅像給平田源吾以作供奉，平田源吾在北投神社建立後將銅像移奉至那裡。後來北投溫泉俱樂部轉變為天狗庵，那尊梅花鹿的銅像自此仍下落不明。

北投元山殿。

鹿神姬與白龍王神像。

歷史小學堂

北投溫泉。北投溫泉被發現於何時並沒有明確地記載，推測是早期居於此地凱達格蘭族北投社子民所發現。當西班牙人來到北台灣發現此地有硫磺，便雇用當地人開採硫磺作為重要輸出貿易貨物。而北投溫泉也應北投社而命名。

MAP & info.

貴子坑露營園區

公路　到北投後沿中央北路二段可到稻香路左轉，並直行上山遇秀山路 85 巷左轉進入即可見貴子坑露營園區，再繼續直行到底可到元山殿。而不動瀑布由於路基崩毀現在無法進入。

公車　搭乘 223、558、631、小 6、小 7 於稻香市場站下車後步行前往。

捷運　搭乘淡水線至復興崗站下車步行前往。

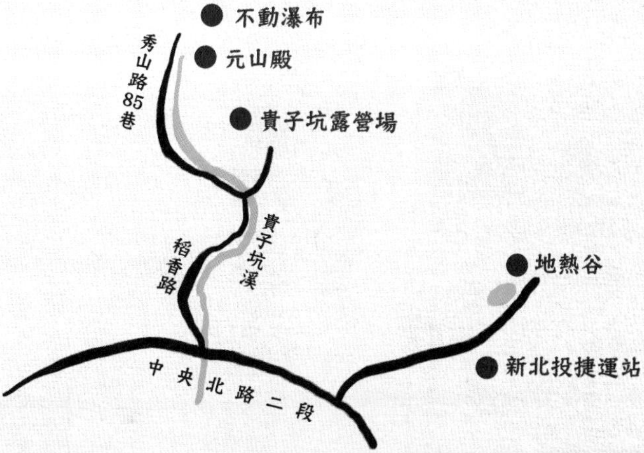

北投地熱谷

公路　到新北投之後沿中山路直行即可抵達。

公車　搭乘小 25 於地熱谷站下車步行前往。

捷運　搭乘淡水線後轉新北投支線於新北投站下車步行前往。

no.
15

獅頭山的清姬

轉世再生的情念，是深情？癡情？還是「怨」情？
在獅頭山重演的愛恨情仇，該如何化解執念，
才能終止血染的悲劇……？

壬戌新秋
嘯石傳經
佳山妙禪書
金剛寺
金剛寺

師徒相遇

明治四十一年（西元一九〇八）年夏季，一位法師從北埔庄到獅頭山，於月眉庄（今新竹縣峨眉鄉）獅尾山部分攀登。法師名叫妙禪，在日本京都受臨濟宗大本山管長賞識，授與開山布教使之職回台弘法。由於1.北埔事件剛過不久，日本巡查強力掃蕩，許多曾參與事件的當地庄民遭到逮補處決。他們的遺孤為求保命，選擇入山剃度為僧不再問世事。

某天妙禪沿著山路走到一座洞窟，洞窟旁有個小佛堂，他找了佛堂前方的一棵樹準備休憩時，發現有位少年已在那裡倒臥著。少年的身體因長年未洗顯得骯髒且略帶著一股酸臭味，有幾隻蒼蠅還在身上嗡嗡飛舞圍繞。香客皆避之唯恐不急。蓬頭垢面的少年拿著一只破碗擺在身前，伸出右手和香客們乞討，腳似乎因長年行走長出厚厚的繭。

妙禪走到少年面前看了看，說：「年輕施主，阿彌陀佛。」

少年抬頭望著妙禪，妙禪從他的髮梢空隙中看見一雙無助的雙眼。妙禪在少年的對面盤腿而坐，並在前方擺一只化緣的缽。手掌掛著一串佛珠不斷念起佛號：

「南無阿彌陀佛……南無阿彌陀佛……」

人來人往的香客紛紛掏出錢給這位佛僧，約莫過一個小時，妙禪的缽已有不少錢，少年的破碗卻依舊空空如也。少年心生歹念，起身想偷妙禪缽中的錢，妙禪仍只是不斷誦著佛號。少年將錢全部拿光走回自己的位置時，妙禪才睜開雙眼對少年笑了笑。心虛的少年想要逃跑，妙禪對他說：

「年輕施主不用急著想走，錢財本來就不是我的，是屬於你的。」

少年一頭霧水，明明是香客給他的，我是偷他的錢，為什麼他會說錢是我的？

妙禪起身走向洞窟中的菩提菩薩膜拜，彎下身子拿起一旁的勺子將佛壇下方的清泉水裝滿碗，並喝了起來。

「真是一股好泉。」

妙禪飲完後，又彎下身用勺子裝上第二碗，再走到少年的身旁。少年顯得有些慌張不知所措。

「年輕施主別怕，這碗水是給你喝的。」

遞出水碗後，妙禪盤腿坐在少年身前，從背袋中拿出一個白色饅頭，再將饅頭撕成兩半，一半給少年，一半給自己。少年用骯髒的雙手接過白色饅頭時哭了，邊吃邊哽咽，一位陌生人願意給予這樣一份溫暖，是在他流浪於此前從未體驗過的，人們只當他是乞丐，用鄙視的眼光去看著他。

1．北埔事件發生於一九〇七年十一月，是台灣第一個武裝抗日事件，共有近百名義士殉難。當時傳聞有部份台灣受難者的骨骸埋在北埔鄉內大坪地區的深堀刑場，受難者遺族於二〇〇六年向官方請求挖掘，果然挖出十餘具骨骸。

妙禪在旁默默地看著。人生在有困頓之際，能向落難者伸出友誼之手，並幫助他們度過難關，何嘗不是佛法的內心本意？妙禪吃完後起身將走，少年見及急忙站起後又跪下，剛才偷來的錢都掉落出來，銅錢乒乓噹噹掉落在地上。

少年跪在地上趴著身子，向妙禪磕頭：「請法師收我為徒，請法師收我為徒。」

妙禪用手扶起少年：「你真心願追隨我一生弘揚佛法？」

「我父母早已雙亡，在日本人攻入北埔庄之後我流落於此乞討。一年多來您是真正為我著想的，請讓弟子隨侍師父左右吧！」

妙禪微笑頷首，從身前背袋拿出一把剃刀，在菩薩見證下為眼前的少年剃度成為佛門弟子。一刀下去，一片落髮隨之飄落在地。當少年剃度完之後，妙禪拾起勺子，於菩薩像下的岩洞取一瓢水，用清泉幫少年沐浴，也象徵著用清泉洗滌他的過往，迎接入佛門修行。

其賜法號為——釋真。

釋真出港

大正三年四月十五日晚上，妙禪想起在中國福州鼓山湧泉寺修行的時光，當時與妙果法師同受戒於[1.]覺力法師，由於妙禪已在獅頭山草創金剛寺，故想邀請覺力法師來台弘法。隔日早課後，囑咐釋真前往福州拜會覺力法師。

百年石坂登山步道。

釋真接受師父的指示後，回到禪房內收拾簡單的衣物與行李，告別師父下山。當時要前往福州港最近的港口，為後龍溪出海口的寮港。釋真沿著山道越過石階，在竹林吱吱作響的南風吹拂下，走過清境橋與獅頭岩後到了三灣街上，接著走到三灣公學校旁五穀廟與村民打聽前渡船頭的位置。再走到一座伯公廟時，見到許多的茶葉箱堆置在一旁空地上。釋真到處詢問船主是否可以順搭至寮港，但船主們都以須載裝貨物拒絕。

「只剩最後一艘船了，那就問問看吧！」

釋真心裡邊想邊走過去，但因沒有見到船主，只好坐在伯公祠旁等待船主到來。等待時，釋真不斷向伯公祠的伯公祈禱希望能順利搭船入港。

約半個時辰後，船主帶著挑著桶柑與李子的挑夫們回船。釋真走向前去。

「請問船主能否讓我搭個方便船前往公司寮港呢？」

船主看看眉清目秀的釋真：「好吧！我正也要去到那，你等貨物上船安置後再上來吧！」

「感謝施主的善行。」

當一切安置妥當後，岸邊的挑夫解開固定船隻的繩子，後方的船伕撐著竹竿慢慢滑離岸邊。順著北坑溝溪繞三個大彎後，進入中港溪順流而下。

航行過程中，船主詢問釋真：「敝姓黃，是在公司寮港開設商號做買賣。師父您到公司寮港要找誰呢？」

「我想前往中國福州。」

「那你有認識的船家可以帶你去嗎？」

「還不知道，請問黃施主是否有認識的船家可以代為介紹呢？」

「有是有，但是明天是否有我並不知道，這樣吧！那你就先到我家等待，我幫你打聽一下最近是否有船到福州或廈門。」

一行人順流而下，兩旁都是平原的農田樣貌，獅頭山已經漸漸遠離，偶有成群的白鷺鷥在農田中覓食，中港溪上也有許多船隻正在航行。船伕站在後頭掌舵著，一邊唱起客家山歌。一個多時辰後，船來到出海口附近，船隻漸漸增多，在中港溪的南岸有許多小船隻在停泊。船伕站起來拿起竹竿往岸邊撐去。

船漸漸靠近港邊，站在船首的船伕丟出麻繩給岸邊的苦力。當船隻固定後，岸邊苦力們拉著繩子讓船更靠近。船上的貨物一批批運下船，船家的挑夫揹著一根扁擔挑起兩擔的貨物走回黃家商號。

1．覺力法師為當年在台閩一代相當知名的佛教一代宗師。

碼頭邊人群攘攘嚷嚷，許多挑夫、商人於此穿梭不息。兩旁的街屋雖然不高，但有許多的店家、食堂與酒樓。暗巷之處站著一些濃妝豔抹招客的鶯鶯燕燕們與尋歡客正在打鬧。

第一次來此的釋真大開眼界，這裡是他不曾見過的景象。釋真跟著挑夫到達黃家商號，從裡面傳來一位年輕女子的聲音。

「你們回來了呀，將貨送至裡面庫房堆放。記得要放好別弄壞了！」

當釋真要走進店鋪時，剛好女子正要走出門外，兩人撞個正著。女子跌倒在地上痛得大叫：「是誰？這麼沒長眼睛！」

釋真趕緊走過去跟女子道歉：「女施主真對不起撞到妳了，真是抱歉，阿彌陀佛！」

女子聽到對方竟然說著佛號，抬起頭看到一位英俊僧侶，釋真的雙眼充滿光芒，溫柔的語氣讓她不禁臉紅，心中彷彿一淌秋水起了漣漪。女子趕緊起身走向屋內。她走回自己的房間坐在梳妝台前，試圖平整自己的心情。但越想心卻越亂，因為總會想起那位英俊僧侶的面貌而臉紅不已。一直到用晚餐時，才由佣人請出。

釋真在女子回屋內後，坐在長凳上等船主回來。大概過半個時辰，船主走進商號，拿出手巾擦汗。釋真站起詢問船主：「請問何時會有船到中國福州呢？」

獅頭山古道前段常夜燈。

獅頭山古道後段水濂橋。

船主不徐不忙地拿起桌上的茶壺倒杯水，喝了幾口後說：

「我幫你問到了，大概一個星期後有一艘貨船要去福州。」

釋真愣了一下，隨即問：「謝謝黃施主告知。不過還需要一個星期之久，不知該如何是好？」

「還要一星期，那法師您就暫且在這裡住下吧！我吩咐佣人整理個房間讓您暫住。李嫂！」

佣人李嫂來到船主面前。

「妹姬呢？」

「小姐剛剛匆忙走進房門後就沒見到出來。」

「真是的，客人來了還這麼沒禮貌。對了，李嫂妳去整理一間房讓法師暫住一個星期。法師是吃素齋的，記得另外準備素菜給法師食用。」

「是的，頭家，我知道了。」

釋真的承諾

「為什麼我只是第一次見到他，內心就如此跳動不安？彷彿認識了許久，這感覺到底是什麼？」

船主的女兒妹姬打開臥室的門窗，心中充滿雜絮。天上的月亮帶著星星們在俯瞰著大地，這份初見的衝擊，彷彿讓她的宿世記憶被解放。內心的不安、迷茫有時並非是這一世的原因，而是產生在過去的累世中某場未盡的緣分。

妹姬躺在床上遲遲無法入眠，直至午夜才終於熬不過疲憊閉上雙眼，沉甸甸地進入夢鄉。夢裡她看見一尾大蛇，大蛇不斷在地上爬行，似乎在追逐著某個獵物。當目光從蛇尾掃到蛇頭，看見蛇的身子上半部是一個可怕的女人模樣。

「安珍！安珍！」

蛇女不斷喊叫某個名字，然後上前追擊一名男子。男子朝著一道又一道的山門逃去，最後來到「道成寺」，在其他僧侶的幫助下，男子躲進銅鐘內，蛇女隨之追進佛寺。眾僧人欲攻擊她卻被擊退，只好逃跑。蛇女挺起蛇身朝佛寺的左右探看，看見道成寺的銅鐘，知道那男子一定躲在其中，於是快速地爬過去，並用自己的蛇身纏繞住銅鐘發出怒火。

熊熊的烈火燒紅道成寺的銅鐘，躲在銅鐘內的男子雙手合掌入定，隨火燄一同燒成灰燼。不久後，銅鐘上的扣環與鐘樓抵也因擋不住高溫而斷裂，蛇女放開銅鐘，眼神充滿哀怨、呆滯與無助。蛇女對天咆嘯大哭，此刻下起雷雨，臉上的兩道淚痕不知是雨還是內心無奈的苦痛。

「為什麼你要背叛我!?」

蛇女轉身下山，來到大河旁跳入河水中不見蹤影，孤苦無助的哀怨眼神一直朝妹姬看去。

妹姬從夢境驚醒，醒來後眼角帶著眼淚。她用右手輕輕撫摸著眼角，眼睛眨了眨，心裡想著，這夢境為什麼如此真實？

釋真？安珍？

驚醒的妹姬還對夢境中的蛇女有著鮮明的記憶。

「也許是我自己多想了吧！」

妹姬起身打開窗戶，外面有對原本正一搭一唱的夫妻鳥被開窗動作嚇到從樹枝上飛離，不遠處看到昨天那位來借宿的英俊和尚正在庭院中打掃。

「為什麼？為什麼這位和尚我好像在夢中裡見到過？」妹姬的內心充滿疑惑，卻又找不出答案。第一次有男性會讓自己如此在意。

庭院中有座水池，有隻蜻蜓飛過去停在荷花葉上，兩隻複眼向四周逡巡，隨後拍拍翅膀離去。

「釋真？」

妹姬不由自主地喊出聲，釋真剛好抬頭看見她，點頭示意。陽光露出溫暖的色澤，釋真拿著掃把輕輕掃著地上的落葉與灰塵，在陽光襯托的背影下，有股無名的魅力。見到釋真的笑容，妹姬臉又紅起來，身子後退幾步關起窗戶。

「我……我到底是怎麼了？心好亂……好煩……」

妹姬梳洗完畢後打開房門走出，故意低頭當作沒見到釋真，卻好巧不巧走到釋真面前被小石子給絆倒，在倒地剎那間釋真眼明手快去接住妹姬。妹姬看著英姿煥發的釋真更是臉紅心跳不知所措。只得將頭轉向一邊。

「不……不好意思請將我放下來……」

釋真輕輕地將妹姬放下來，妹姬的臉頰泛紅地不發一語趕緊轉身離開現場，心噗通噗通地跳著。

釋真的承諾

自從釋真來的那一天起，妹姬常不由自主將眼光眺望著某個方向。原本精明幹練的她這幾天卻常出現心不在焉的樣子，有時傻笑，有時會無端地自言自語起來。在家僕眼中，認為小姐行為有點反常。

「唉，算了吧！他只是個和尚。和尚又怎麼能夠結婚呢？」、「可是這麼英俊的男人……曾有人說過和尚也是有還俗的，那麼他會不會呢？」

「妹姬……妹姬！」商行的船主一直叫著她的名字，但妹姬仍沉醉在自我的世界中編織著幸福的故事。直到船主走近推了她一把，她才猛然驚醒。

「父親、父親大人，怎麼了？」

「看妳一個人坐在這傻笑什麼勁？」

「我……我沒有啊！」

「還說沒有，照照鏡子，妳看妳臉都紅了起來！」

「我……，我沒有啦！」

「是看上哪一家的年輕少爺了是嗎？告訴父親，父親替妳做主。」

「我……，我……」

妹姬被船主一說，臉紅地抬不起頭來，不好意思說：「我……我喜歡釋真……」

船主嚇一跳，沒想到一個等船的年輕僧侶，會讓自己的女兒著迷，雖然和尚也有還俗的，可是他會願意嗎？他還這麼年輕也許可以試看看。船主想了想，明天就是釋真要等的那班船將開之時，今晚就來辦個送別宴來探探他的意思。

當晚，船主請來一位相當有名的廚師至家中辦理宴會，由於釋真是和尚，所以這場宴會就以素食為主。晚宴時，船主不斷旁側敲擊告訴釋真，想請他還俗入贅至他們家，以後所有商行的一切都可以交由女兒與他打理經營，眼前的榮華富貴一生不用愁吃穿。然而釋真很早就堅定自己求道的決心，只能委婉地拒絕並表示自己有任務在身。

宴會結束後，妹姬走到釋真所住的客房外不斷徘徊，釋真知道妹姬就在外面等著，然而他早已放下紅塵俗事只一心求佛，妹姬的如此執著給他很大的考驗。

「我該如何委婉又不帶傷害的去答覆她呢？」釋真如似想著。

大約過一刻鐘，釋真打開房門，妹姬心亂如麻地看著他，卻又說不出任何話，月光下對看的兩人始終無語，只能聽見戶外的竹林在風輕拂下傳來聲響。

釋真先開口：

「小姐，妳的心意我知道了，但我只是個和尚，您長得那麼漂亮，一定有很多少爺可以匹配的！」

「我……我知道你是和尚，但是我聽說和尚也可以還俗的。不知道你願不願意跟我共度一生而還俗呢？」

「阿彌陀佛，這就是你我共同的業阿！」

「我聽不懂，你想說的是什麼？」

「紅塵俗事轉眼不過往事塵埃，功名利祿曇花一現，男女之愛也終有盡頭，如今我們在此相遇是場緣分，但是這緣分是友誼之緣，女施主是否能懂我得意思呢？」

妹姬不發一語，雖然知道釋真還是拒絕了她，仍不斷哀求想將釋真留下。

釋真為了脫身只好對癡迷的妹姬說：「好吧！我答應妳，當我這趟去福州的任務完成之時，我一定會回來這看妳，告訴妳我的心意。」

妹姬聽了釋真給的承諾後也就不再糾纏，開心地走回房間滿意地入睡。而釋真只在木床鋪上打坐沉思，天一亮就離開宅院，前往搭船的碼頭搭船前往福州。妹姬早上醒來後，船已經開走了。

妹姬？清姬？

轉眼一個月、一年就這樣過去了。這一整年中，妹姬常常站在家門口張望是否有釋真的身影，也常透過父親打聽從福州回來的船有沒有搭載一名年輕的僧侶。有次，無精打采的妹姬在人群中疑似看見釋真的身影，走過去看卻發現認錯人。癡情的妹姬開始患上相思病，在食不下嚥的情況下身體越來越消瘦，精神也越來越委靡。

某天她在眺望碼頭時，似乎又看見了釋真。這次的確是釋真，他正往內河碼頭方向前進。

「釋真！釋真！」

釋真聽見叫喚聲轉頭一看是妹姬，立刻假裝沒聽見快速向前離去。

妹姬想走向釋真，卻因身體衰弱行走太慢，只能看著釋真的身影消失在人群中。當她總算走到碼頭，只見到站在船上的釋真早已離去。

妹姬在河堤旁痛哭大喊：「你不是說好回來要找我的嗎？釋真！」

妹姬失魂落魄地癱軟坐在碼頭旁邊，釋真的背叛讓她的內心不斷湧起憤怒。她對著天空咆嘯，彷彿一個發瘋的婆子，一下笑一下哭，而後體力不支倒下昏過去。在那一瞬間，內心出現一道聲音：

「安珍！可惡的安珍啊！」

先前夢到的蛇女站在妹姬眼前，妹姬好奇地問：「妳是誰？為什麼妳在我身體裡面？」

「我是清姬，妳的前世。」

「前世？」

「可惡的安珍轉世後又再次背叛，這一次我還是要殺了他！」

清姬隨即控制妹姬的身體，妹姬不斷抽蓄口吐白沫接著翻起白眼，大量青光從她的身上釋放出來，妹姬化身成了清姬，原本秀麗的模樣變成恐怖的復仇蛇女。

清姬憤怒的泛紅眼神露出凶光，蛇尾挺起，雙手利爪朝天，不斷地吐出舌頭引信。

「安珍！這一次我一定要殺死你，以消我心頭之恨！」

血濺獅頭山

清姬完全復活後，原本豔陽高照的白天頓時烏雲密佈，天空不斷雷聲作響，並且狂風大作下起暴雨。清姬跳入後龍溪追著釋真乘坐的船，天空不斷傳來她的吼叫聲：

「安珍……我要你的命！」

船上的人皆被巨大的聲響驚嚇，紛紛探頭看到底發生什麼事情。站在船頭的釋真知道劫難即將來到，當船一靠近三灣渡船頭不久，釋真趕緊跳上岸朝獅頭山方向快速逃離，一旁則有人看見後龍溪出現一個巨大像似蛇的怪物朝三灣的方向游去。釋真使盡力氣奔跑，內心忐忑不安，沒想到因為自己無心的一句話會惹出這樣的殺機。

釋真走上獅山古道回到紫陽門，趕緊關閉紫陽門鎖上木栓。勸化堂的其他僧侶見他神情有異，紛紛向前詢問，沒想到大門傳來巨大的衝擊聲響。

「安珍！我要你死！」

木栓承受不了撞擊而斷裂，門被衝破，眾僧侶看見蛇女清姬紛紛跌坐在地上大喊：「妖怪！有妖怪！」

清姬環顧四周看見許多和尚，內心更為憤怒，因為和尚會讓他想起安珍。清姬開始纏殺，很多和尚被她的蛇尾纏繞斷氣送命，也有和尚拿起些武器想與之對抗，卻仍死於清姬的利爪之下。

清姬用舌頭舔舔鮮血，繼續沿著石板道來到大石壁，卻仍不見釋真的身影，她憤怒地從身體放出火焰，周圍的草木皆燒成枯盡。

釋真從山頂跑向獅岩洞，雖跑得上氣不接下氣但不敢停留，他大喊著：

「大家快逃阿！妖怪就要追上來了！快逃！」

釋真跑向金剛寺的方向，他知道只有師傅才能救得了他。當清姬追到獅岩洞，眾僧侶看見妖怪拔腿就跑，幾個手腳較慢的只能被殺害。海會庵、霞雲洞一個又一個廟宇被清姬所攻陷，血濺獅頭山，僧侶與女尼們成為憤怒清姬手下的亡魂。

釋真總算逃回金剛寺，山門前的師弟看他臉紅氣喘的模樣也上前關切，釋真著急地說：

「快……快請師父出來除妖！」

「可是師父下山還尚未回寺呢！」

「你們快逃！她就要殺上來了！」

師弟們見釋真神情慌張，趕快四處躲起來。釋真眼見自己真躲不過死劫，為不要再傷其他無辜性命，決定用自己的性命來換取眾他人的存活。他看向金剛寺的鐘樓，決定躲在大鐘裡。

清姬總算追上，在金剛寺的岩洞前四處張望，她看見金剛寺前的大鐘，內心竊喜地想著：「安珍……沒想到你還是一樣躲在那，不論你轉世幾次我都要殺死你這負心漢！」

清姬快速地將自己的身體纏繞住銅鐘，躲在銅鐘內的釋真知道自己劫數難逃，雙手合十不停唸著佛號。清姬放出巨大的火焰燃燒鐘樓，從遠方的天空就可以看見巨大濃密的黑煙。在火焰中釋真被濃煙與高溫所焚化。由安珍轉世的釋真再次死在清姬手中，銅鐘燒成廢鐵，釋真的燒焦身體從銅鐘內部掉下，碰觸到地面後化成灰燼隨風而逝。

清姬發洩完憤怒後反而異常難過，她舉起右手貼著額頭大聲痛哭。此時妙禪回到獅頭山尾處，見著妖氣沖天知道大事不妙，趕緊奔回金剛寺，但他晚回來一步，愛徒已死在妖怪手上。

獅頭山紫陽門

田中法師渡台

清姬察覺身後有人，轉身要攻擊，妙禪舉起禪杖抵擋下來，兩人交戰數回合。趁空檔之際，妙禪從胸口中拿出法器金剛杵朝清姬投擲，金鋼杵正中清姬，強大的佛力使之重創，清姬大叫一聲後逃離金剛寺，妙禪沒繼續追擊，因為他知道此妖怪不好對付。

清姬被金鋼杵重傷後，逃往山腳下一處山谷中躲避。往來行人皆不敢靠近這溪谷，因為除了妖氣沖天，進去溪谷者皆無生還。

為困住清姬，妙禪在溪谷周圍設下結界，並寫信給曾在京都相遇的曹洞宗大法師田中應海，請他能前來獅頭山相助。

半個月後，位在日本福井縣曹洞宗大本山永平寺的田中應海，接到妙禪的來信。其實他在前晚入睡前，看見一位僧侶的魂魄前來請求幫助，此佛僧魂魄正是安珍。

「來者何人？有何事相找？」

「敝人安珍和尚，來自台灣金剛寺，法號釋真。今特前來請求田中法師至台渡化清姬。了卻累世宿緣。」安珍的魂魄在說完後就消失不見蹤影。

田中回信，表示將於一個月後去台灣降伏妖魔。離開永平寺時，田中走到韋馱尊天菩薩前，恭敬地請借降魔杵一用。

經過三天兩夜的船行與舟車勞頓，田中總算來到金剛寺。妙禪誠摯相迎：

「貧僧已設下結界困住清姬，但是自身修道不足，無法以封印渡化清姬，只得請求田中法師相助。」

「修佛也需渡盡一切眾生啊！明日一早我就去那座溪谷渡化清姬。」

佛法渡青姬

隔日天剛露出曙光，用過早齋的田中即前往清姬所在之處。當他來到結界口，就感到裡面妖氣沖天，且怨念相當驚人。

「真是個怨念執著的妖怪啊！」田中走入小徑來到水濂橋，聽見清姬巨大的怒吼聲。

「人類？」清姬似乎感受到有人類走進溪谷，她抬頭望望四周吐出蛇信，開心終於有獵物上門。被困在結界雖然想掙脫，但因妙禪那記金剛杵受到重創，只好在這不見天日的溪谷裡養傷。

清姬摸著右胸口前的印記還感覺隱隱作痛，內心再起怨恨和尚，發誓只要出去，勢必殺盡一切僧侶。

在田中走入的溪谷同時，清姬快速地爬行穿過草叢繞過樹枝，口中不斷吐著蛇信。田中沿著古道來到溪谷旁一個竹林處，兩人相遇了。

「哼！原來是一個和尚阿！」

「阿彌陀佛，清姬施主能否放下怨恨，化解自身所造冤業？」

「少廢話！只要是和尚都該死。看招！」

清姬快速越過溪谷朝田中攻擊，田中盤腿而坐，在口中念起咒語、雙手結起法印，肉身出現一道「卍」字的佛光，清姬被這突來的反擊再次彈飛受創。

「阿彌陀佛！女施主請放下怨恨吧！」

倒在地上的清姬用雙手撐地，再次用蛇身挺起，目露凶光看著田中：「和尚沒一個是好東西，你根本無法體會被人背叛的苦痛！」

田中口中念咒，右手拿出韋馱尊天菩薩的降魔杵與之交戰，兩人在溪谷裡發出陣陣打鬥聲響，一路戰到到溪流上游洞窟前。田中招喚韋馱尊天菩薩施展降魔術，無數道的利刃佛光徹底將清姬打敗，但是田中並沒有取清姬的性命。

田中走到清姬面前，看著不斷流淚的清姬，嘆一口氣。因愛而癡迷，因迷生而怨恨，人的執著會因一念之差而入魔，這累世的怨恨，需要的是化解而不是毀滅，毀滅並不會讓怨恨消失，只有讓放下心中怨念方能得度。

田中收起降魔杵，從口袋中拿出金剛經卷軸。

「起！」

金剛卷軸飛速纏繞著重傷倒地不起的清姬，在空中飄浮的清姬無法動彈，她用虛弱的聲音說：

「和尚，你想殺我就殺吧！只要我的魂還在我一樣再次復活殺盡僧侶！」

田中笑笑不言一語，再次盤腿坐在石洞前為清姬說起佛法。從白天到黑夜，又從黑夜到白天，一連七天七夜。清姬的蛇身與臉部的鱗片產生重大變化。

第七天時清姬看見在田中身旁站著另一位和尚的靈魂。

「是你……安珍。」

「這數百年的怨念因我而起，但我並不怨妳而殺了我。我再次投胎為釋真，只為能讓妳獲得解脫。我死去後，靈魂便前往田中法師所在之處，請這位佛教高僧能夠協助妳得度。」

清姬的眼角湧出淚水，沒想到安珍死後不怨恨自己，還想讓自己放下怨念獲得解脫重生的機會。此時金剛經卷軸紛紛進入清姬的身體之中，發出刺眼的金光。金光消失後，出現人樣赤裸的清姬。

清姬與安珍一同向田中雙手合十行禮：

「阿彌陀佛，感謝法師為我滅除魔障。」

原本籠罩在溪谷中的黑色妖氣，突然降下一道金光，從天空傳來充滿慈祥與聖潔的佛音。

安珍看著清姬說：「佛祖願意接納我們一同前去極樂修行了。」

清姬看著安珍，此刻的她已經卸下人類的癡迷，兩人站在佛光處，隨佛光一同飛往西方。

曹洞宗法脈

清姬之亂結束後，田中在獅頭山各佛寺的僧侶請託之下，留在當地鎮守傳授佛法，並在獅頭山找到一處天然石窟開設道場。為教導世人傳授佛法向善的本意修行，取名為「開善寺」。其後獅頭山各佛寺僧侶，皆請田中應海代法師主持獅頭山佛教事務。在田中應海時代的獅頭山，成為台灣重要的佛教聖地，許多遊客皆前往禮佛、參拜或著修行。

田中在圓寂前半年，至後山找金剛寺的妙禪敘舊。田中蓋了一座取名「解脫門」的山門送給金剛寺，此山門寫著一句對聯：

解脫門開誰肯入，浮生夢覺自知歸

不久後，田中知道自己死期將至，便走向開善寺上方的凌雲洞，交代弟子他將入關修行，待幾天

清姬洞，清姬被封印的結界之處。

由橋上眺望清姬洞。

之後再來開此門。等約定時間一到，眾弟子打開木門只見田中已入定沒氣息。也留下了在獅頭山傳頌不已的故事。

1
2 | 3

1. 獅頭山水濂洞。
2. 凌雲洞，田中應海圓寂處。
3. 開善寺韋馱護法神像。

歷史小學堂

1. 田中應海：生平不詳，只知是日治時代獅頭山最具代表的曹洞宗法師，在台灣皇民化運動中來到獅頭山統領佛教寺務，並在獅山古道前方設立山門留下落自題款。

2. 金剛寺：位於獅山古道後段，於大正三年（西元一九一四年）建造，由北埔妙禪法師發現岩洞後所建。妙禪法師在洞口上方書寫「巖石傳經」四個大字，在一旁另有解脫門可供參觀。

3. 開善寺：昭和二年（西元一九二七年）建造，是獅頭山最大代表性廟宇之一。洞內供奉有西方三聖佛，由當地千年樟木所雕刻而成。此三佛有著日式風格，也是當年曹洞宗重要的中部佈教所在地。

開善寺正殿三寶佛

※ 苗栗獅頭山唯一風景區，有環山公路與步道可前往各個景點。
主要分為前山與後山兩處，此處只說明如何到獅頭山。

MAP & info.

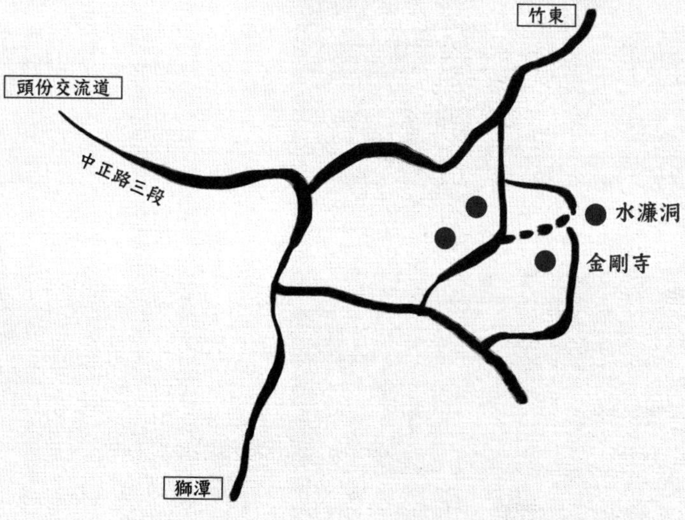

公路

① 國道一號頭份交流道下，沿 124 縣道過三灣市區沿路有指標可至獅頭山風景區前山部分勸化堂停車場。

② 國道三號竹東交流道下沿省道台三線南下至峨眉鄉，在竹 41 鄉道觸及可見獅頭山風景區牌樓，從這方向可抵獅頭山風景區後山部分水濂洞停車場。

③ 獅頭山風景區前山與後山有登山步道可相連，在公路部分是竹 41 鄉道串連。

鐵路　新竹火車站下於前站對面公園搭苗栗客運往獅頭山。

公車　701、5700、5701 於獅頭山風景區下車。

no.
16

恆春鬼婆

因語言隔閡與民族對立情結而喪失女兒的母親，
一夕之間因憤怒化身為鬼婆展開報復，在恆春城內進行殺戮行動……

東門

來自日本內地的移民

台灣最南端的恆春，有座清朝統治期間建造的恆春古城，這座城牆用夯土堆疊，古樸的紅色外牆至今仍保留著，見證一百多年來的歷史。恆春城在日本統治初期時，曾爆發一場瘟疫，使當地成為一片死城。在那段時間曾出現一位可怕的妖怪，名叫鬼婆。

鬼婆是一位來自日本岩手縣的女性——鳥羽遙子，她跟隨捕鯨魚的丈夫舉家從家鄉遷到恆春，原以為來到日本的新領地可開創新天地，然而瘟神的降臨卻使她家破人亡。在那醫藥不發達的年代，感染瘟疫幾乎無藥可救只能等死，許多的鎮民死去後都被拖到恆春東門城外草草埋葬。

大正二年（西元一九一三年），「台灣海陸株式會社」受台灣總督府的邀請，進駐到恆春大板埒（今恆春南灣）建碼頭。會社招募許多漁民前來恆春，優渥的賞金亦吸引許多日本家族遷來。鳥羽家，一個在日本本州中奧地方的岩手縣的世代漁民，舉家到恆春大埒建立小型聚落。然而因會社的設備不足，在巴士海峽一帶只能用小艇作業，加上經驗不夠導致捕鯨數量不如預期；又因初期所建設碼頭與周邊設施的資金過於龐大，在嚴重虧損之下只好宣佈停止作業。

漁民為求生計另尋出路，只好投入瓊麻種植與製繩的工業生產。遙子頗能吃苦耐勞，在烈日下拿鐮刀將葉尖的硬刺割除，身子瘦小但身手矯健，能與男人們做相同粗重的工作。

日子雖然辛苦，但在困苦的磨練中人們總能鍛鍊出堅忍的性格，這是人類獨有的特性。鳥羽家逐漸安定下來，遙子的先生重光也找到份兼差的工作。

冷漠的人性

然而，幸福與危機卻是相隨而生。鳥羽家的人因水土不服罹患瘧疾病相繼死去，只剩下遙子與女兒美里活下。但美里也在先生過世不久後，因罹病高燒不退，忽冷忽熱。

遙子背著美里走進恆春城內，尋找當地漢人醫生救治，但當地醫療仍是傳統中醫，因語言不通加上日治初期漢民族仍有抗日意識，許多人將這對日本母女趕出去。

遙子背著美里無助地徘徊，美里則越來越虛弱。

「媽媽……我好熱好渴……」

遙子含著眼淚，輕輕地用自己的舌頭去舔美里的嘴唇，但美里最終仍在她的懷裡斷氣死去。

遙子抱著美里痛哭，眼淚滴落在再也不會甦醒的女兒臉頰上。美里看起來只是安靜的像睡著一樣。

「不……美里、美里還沒有死，她還有救……她還有救啊！」

身無分文的她在異鄉無助徘徊，背著美里一路走出東門，依舊沒有任何人對她們伸出援手。她打從心底恨這地方，原本幸福的家庭若不來到這裡，也就不會變成家破人亡。

葬了美里後，遙子憤怒地走到東門外墳塚間，此時的她產生異樣，極深的怨念勾動極陰之地的邪氣，遙子的容貌改變了，頭頂上長出兩支尖角，白髮飄散，雙手伸出長長的指甲，此時的遙子成為了鬼婆，在月亮下照著的樣貌極為可怕。

充滿復仇的怨念的鬼婆不斷咆哮嘶吼：

「我要復仇！我要復仇！」

鬼婆出沒

從遙子化身為鬼婆的那天起，恆春城開始不平靜，傳說有人曾在夜中看見一個批頭散髮的老婦人拿把鐮刀，無聲無息地站在黑暗之中，只要被她看見，她就會快速向前拿著鐮刀向行人脖子砍去。每一個死者都被剖開心臟取走，身首異處的可怕景象，讓恆春鎮內人心惶惶，每至黃昏就回到家中緊閉門窗。

日本巡查們為找出這殺人兇手，兩人一組在夜間進行巡邏。有天，加藤與小川在東門附近巡邏，看見一個瘦小的身影，兩人舉起槍瞄準那道黑影。

小川：「別動！」

黑影彷彿聽不見似的朝他們倆走過來，天空的雲散去，月光露出。

加藤：「是個老太婆……是鬼婆！」

「嗶、嗶！」、「碰、碰！」

加藤吹口哨警示，小川則朝鬼婆開槍，中彈的鬼婆非但沒倒下，反而露出詭異的笑容很快地向它們衝過去。小川被鐮刀砍中脖子，噴血不止倒地，加藤驚恐大叫：

「救命阿！是鬼婆！是鬼婆出現啦！」

聽到哨聲趕往聚集的巡查，沒想到見著的是死去同袍慘狀。

鬼婆的作祟，使恆春城內居民紛紛逃走，原本繁榮的街肆成了空城，人們的恐懼不斷擴大。再也沒有巡查敢在夜裡巡邏，最後只好打電話請求高雄州廳支援。

彈月琴的瞎子

在支援來到前，某個夕陽西下的落日，一位瞎眼漢人坐在東門附近的民宅下。他手中有片牛角刮板，演奏著月琴自彈自唱著，彷彿在等待著一個人，又彷彿是在娛樂著自己。

突然，他聽見後面傳來沙沙的聲響。

「呵……呵……」

「雖然我看不見，但是我知道妳的存在。」

瞎子翻翻白眼，鬼婆也很好奇地看著他。因為瞎子看不見鬼婆，所以並沒有如一般人那樣感到恐懼。其實鬼婆的氣息非常強大，瞎子不是不知道，他只是裝得若無其事地在彈奏。

鬼婆右手舉起鐮刀，剎那間卻被一條條線所綁住，原來是由瞎子彈奏出能制止攻擊的旋律。不一會兒，鬼婆雙手雙腳都被弦緊緊纏繞並被包覆成蛹。

本以為就此封住了鬼婆，但那蛹不斷抽動，隨後從內部被鬼婆一刀給劃開。鬼婆解開束縛後，朝向瞎子走去並露出可怕的冷笑聲。鬼婆舉起鐮刀朝瞎子砍下，瞎子急忙用月琴擋住，月琴被削去一截。瞎子往後退再拉起弦朝鬼婆攻擊，手指尖彈出如刀般的氣朝鬼婆發射，鬼婆中數刀後身體飛起，大叫一聲從空中撞到城牆掉落地面。

倒地的鬼婆緩緩站起，伸出舌頭舔舔自己的傷口。她明白眼前這個瞎子不簡單。再當瞎子要繼續攻擊時，鬼婆將鐮刀快速地射出刺中瞎子的左胸，再衝過去握住刀柄，一刀劃開瞎子的身軀。血濺滿地的瞎子躺在地上不斷抽動吐血，死前的最後一刻甚至睜開了雙眼。

鬼婆站在瞎子的身旁，看著他直到斷氣。

搶孤迷魂結界

隔天一早，一位法師來到恆春城，他即是接受高雄州廳指派的曹洞宗大崗山明真法師。明真法師受命後，連夜從超峰寺趕到恆春古城，在入城之前，看見整座城籠罩著紅色帶點污濁的火燒雲。明真法師發現瞎子的屍體，他將禪杖放下，用左手為罹難的瞎子闔上雙眼，並念佛號為這位抵抗鬼婆的勇者送行，再將之葬於大地之中。

另外一方面，受傷的鬼婆走回自己的巢穴，因痛苦而不斷哀嚎，她雙手抓著地上的土壤，不斷喃喃自語：「給我力量，給我更多更多的力量！」

邪念不斷聚集，剎那間從土裡湧出火燄，那是一道道在黑夜中發出青光的幽火。鬼婆吸收火的能量，恢復受傷前的狀態。她轉身拾起鐮刀再次朝向恆春古城前進。

當鬼婆再次出現之前，明真法師早在東門城外地上，插入幾根木柱貼上咒語，所以當鬼婆一走進明真法師設的結界時，怎樣都走不出來，只能在木柱陣裡不斷來回奔跑著。

明真：「放下屠刀吧！妳是逃不了此迷魂陣的！我要將妳困在裡面封印起來。」

鬼婆往聲音的方向看去，發出淒厲的叫聲，她張開口吸取空氣一陣子後，接著吐出驚人的風力，將結界內的柱子一根根吹倒，結界被破了。

明真：「沒想到妳怨念如此之深！」

鬼婆：「恆春人害死了我的女兒，我要報仇！擋我著死！」

佛與魔的對決

鬼婆拿著鐮刀快速地朝明真法師砍去，明真法師用禪杖抵擋，鬼婆卻像擁有無窮之力不斷猛攻，明真法師漸漸居落下風。

「如果在這樣下去形勢對己相當不力，欲滅鬼只能借神之力與之抵抗。」明真法師投出念珠綁住鬼婆，雙手結起法印、口中念咒召喚他的守護神——無能勝明王。

一道金光快速灌入明真法師的身軀，形成[1]無能勝明王的樣貌。鬼婆掙脫念珠後看著眼前這尊佛，有點遲疑，並開始感到害怕。

明真法師雙手集氣成卍字，並大聲唸：「接招吧！卍字法輪印！阿咖細．咖細囊．咖細嘎那．咖喇細．缽喇那達旦．缽喇拏那，達他瓦！」黃金卍字迅速打中鬼婆身軀，鬼婆的眼、耳、鼻、舌、身不斷冒出金光四射，她趴在地上痛苦地哀嚎。

明王走進鬼婆身邊，舉起佛手準備滅掉鬼婆之際，一道從天空中出現的青光顯現於明王面前，是個小女孩的靈魂，正是鬼婆的女兒美里。

「請慈悲的佛，不要殺害我母親！」

鬼婆看見美里，用手遮住雙臉大叫著：「不要！不要過來！我不要讓妳看見我這醜陋的面貌。」

美里走過去，輕輕撥開鬼婆的手：「不管媽媽變得如何，您終究是我的媽媽。媽媽，放下妳的忿怒向佛懺悔吧！」

鬼婆放掉手中的鐮刀，眼淚不斷地從眼眶冒出：「這熱熱的感覺是什麼？為什麼我會變成現在

1．無能勝明王是地藏王菩薩的忿怒之相，頭戴法帽，身後出現六隻手臂各持法器，金光盤繞。

瓊麻工業歷史展示區。

這樣子?」

母女的救贖

鬼婆走向明王，跪在他的腳下誠心懺悔，原本的鬼氣化為無形，恢復成遙子的樣貌。

「求明王寬恕，我所做的惡事我願接受責罰。」

「信女生前所為的惡如今已深刻省悟，放下屠刀一心向佛。現在命妳為送子之神，將自己所造的殺業，透過自己的救贖回報給當地的人們。」

明王用手撫摸遙子的頭灌入法氣，遙子身上的濁氣盡皆退散並發出金光，美里亦一同得到明王的救贖，母女一同成為送子之神南無護兒地藏。

天開始微亮，結界也消失了，母女化成兩尊法相躺在明真法師的手中。明真法師走到城外數十里的瓊麻農場，在此建立神社，這尊母親抱著幼兒的金身就佇立於此。

鬼婆被降伏後，人們紛紛返回恆春城，護兒地藏也不斷顯聖，對恆春居民中有求必應，許多信徒皆來參拜庇佑求子。明真法師指示居民，應於孟蘭盆節立木柱以進行驅邪，經後人不斷改良則成一年一度的搶孤宗教儀式。但那尊南無護兒地藏金身在戰後不知去向。神社被新來的統治者摧毀，僅留下鳥居訴說著一段恆春的過去。

恆春東門外的搶孤棚架。

歷史小學堂

1．恆春古城建於光緒元年（西元一八七五年）十月十八日，為台島最南端的城池。建城原因為日本在明治維新之後併吞琉球王國，其後所轄琉球宮古島民因船難漂流至恆春一帶，被當地排灣族牡丹社所殺。日本政府借機派軍，以西鄉從道中將領兵前往討伐牡丹社，史稱「牡丹社事件」。事件過後，日本與清國達成和解，最後撤兵。清廷派沈葆楨來台加強軍事建設，沈氏上奏建立恆春縣城。

2．南灣捕鯨史始自於大正二年（西元一九一三年），日人在今墾丁南灣（舊名為大坂埒）一帶設捕鯨場，並設「台灣海陸產業株式會社」從事捕鯨工作。由於當年捕鯨漁民皆從日本內地所來，故在南灣一帶有小型日本漁業移民村。在戰後因日人全面遣返而消失。

3．恆春搶孤起源於早期恆春地區先民，每年在中元節為祭祀開墾與海難亡魂所設立。透過恆春各村庄組成隊伍與民眾貢獻普渡食物，透過爬上塗有牛油原木立桿的地方進行競賽。比賽完畢之後，會將各普渡商品分發給有需求的民眾。

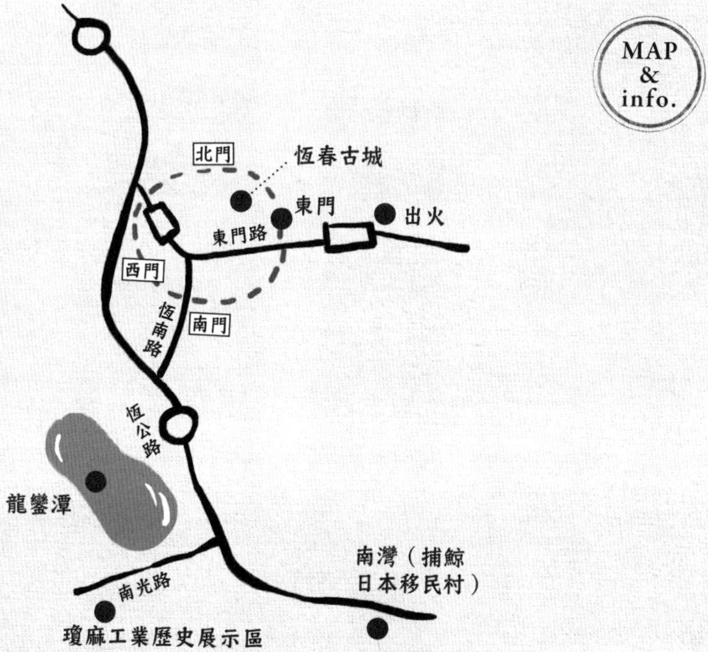

公路

① 恆春古城：國道三號林邊交流道下台 17 線接台 1 線，至楓港南行接台 26 線即可抵恆春市中心。

② 瓊麻工業歷史展示區（神社鳥居）：從恆春市中心南行台 26 線至南光路右轉即可抵達。

③ 瓊麻館：恆春轉運站搭乘 102 號恆春墾丁藍線可抵。

高鐵

於新左營站下車搭墾丁快線 9189 號巴士，約兩個鐘頭可抵恆春轉運站。

台鐵

高雄火車站與屏東火車站皆有直達墾丁的國光客運。

no.
17

油羅溪的河童麻伊

一位男孩與河童在新竹油羅溪的邂逅，男孩不幸溺水死亡後，每當溪水暴漲時，總能見到河童救人的身影……

不明的身影

明治四十二年（西元一九〇九年）十月十五日，內灣派出所的加藤英志巡查，有天下午沿著油羅溪河岸旁巡邏，油羅溪旁的管芒花已經盛開，夕陽西下的美景讓他不知不覺看到耽誤了時間，天一下子就變黑。他走到吊橋不遠處，看見有個黑影在管芒花叢中沙沙作響，機警的加藤趕緊掏出手槍對眼前黑影大喊：

「是誰？是誰躲在那裡？再不出來我就要開槍了！」

管芒花叢中出現一道身影，頭部露出紅色光芒，並不斷發出青蛙似的鳴聲。黑影持續移動前進，看起來像似一個小孩子的黑影。加藤覺得這身影不太尋常，但因月光被烏雲擋住看不清楚其樣貌，待月光出現時，才發現是一個妖怪。這妖怪有著大大的雙眼、像鴨子般的尖嘴，頭髮散亂，頭頂上似乎還有因月光而反射的微光。

「妖怪啊……！」

加藤連開數槍，妖怪似乎被打到一槍，邊哀嚎著邊快速地朝油羅溪河床奔跑，在管芒花叢中消失不見蹤影。加藤不敢追擊，只好趕緊走回村內報告。派出所長福田聽完描述，只當他可能疲勞過度恍神，但看到加藤仍一臉正經樣貌，只好說：

「我知道了，你先去睡吧。明天一早我們再找幾個同仁與隘勇一起去你說的地方探個究竟。」

內灣村景。

內灣派出所。

獵捕妖怪

隔天一早七點，陽光從尖石山頭照遍內灣與油羅溪。管芒花隨著風搖蕩，微風輕撫摸著大地。約二十多名巡查與隘勇組成搜索隊，巡查帶著槍枝，隘勇拿著棍棒與竹竿，沿著油羅溪河道進行搜索。

一行人浩浩湯湯在吊橋河床邊附近搜索蛛絲馬跡，其中一名隘勇在地上發現一只像似動物的腳印，看起來很像鴨蹼，但是一般鴨子不可能有這麼大的腳掌才是；另一位隘勇則在河邊石頭發現疑似綠色汁液的動物血。

此時躲在吊橋附近河道草叢中已受傷的妖怪不知道眾人已經靠近，被其中一人撥開草叢發現大叫著：

「在這裡！這裡有一隻妖怪受傷了。」

被發現的妖怪，快速地朝河水的上游逃跑。

「別逃！給我站住！」

這隻妖怪速度奇快，綠色的身子一下子就不見蹤影。眾人在河灘上踩著溪水不斷向前追，明明已經追上卻又消失。追到一棵大樹旁時，有人邊大叫邊指向大樹上方。加藤掏出手槍朝樹幹上的綠色身影開槍。

「砰！砰！」

子彈打到妖怪腳底不遠處，受到驚嚇的妖怪再次跳躍，用著一雙似猴子般的長臂，從這樹跳到另外一棵樹最後消失在灌木群當中。

眾人繼續搜索，妖怪忽然又跳到河床上，大夥準備一起向前追去時，妖怪跳入溪中快速地向上游游去，這次再怎麼追也追不上。

一小時後，搜索隊走到巨大尖石處，從這座尖石再深入就會到泰雅族的地界。隘勇告知加藤：「巡查大人，不能再進去了。過了這座尖石就是泰雅族人的地界，沒有他們的人來帶進去隨時都會被斬首的。」

由於那時日本軍警的勢力尚未進入泰雅族加拉排群所統治的地界之中，對於住在深山的這群原始住民有很深的恐懼只好作罷。就當搜索隊轉身時，其中一名隘勇在尖石的對岸巨石上發現妖怪：「在那裡！妖怪就在那石頭上面！」

「砰！砰！」

加藤再次掏槍瞄準妖怪。

妖怪地沿著巨石跳到尖石上方，回頭看一眼追捕牠的人，隨後跳入一只石頭裂縫中消失不見蹤影，原本有的石縫也消失不見痕跡。大家一擁向前，認為妖怪已被除掉而大肆慶祝。

而後在夜深人靜時，聽說這顆石頭會發出哭泣的聲響，故還是沒人敢靠近一探究竟。

尖石前山之役

明治四十三年（西元一九一〇年）五月五日大批日軍警進駐內灣，在村莊內可以看見許多野戰砲堆放。隨日本軍隊到來的，還有一些日本居民，他們是日本軍隊的家眷。

內灣庄長被要求徵召當地村民作運輸補給的工作，內灣村的居民多數是客家人，偶爾還可以見到來自山上的泰雅族，帶著獵殺的野豬或一些山羌鹿皮來此處交換些鹽與平地食物，但當日本人到來並建立新的政權後，已有了改變。

日人來台之初，由於平地叛亂頻傳，台灣總督府對山地居民採取隔離的措施。初期以探索的方式調查這片未知的領域，並且派遣許多人類學家深入山地，透過一些物資贈與，取得在交界處的村民、原住民首領的幫助，其中最有名的探險家就是伊能嘉矩與鳥居龍藏。

當一切調查清楚後，山林的巨大開發利益，驅動台灣總督府於各地組織要求山地居民須降伏於日本執政當局，願意合作的就不攻打，不願意配合的就用武力鎮壓。而這場台灣最大規模的山地討伐戰總指揮，就是第五任台灣總督——佐久間佐馬太。

同年六月十五日台灣總督府發動「內灣溪上游隘勇線挺進」行動，軍隊們沿著河道向油羅溪上方前進，大批軍隊經過尖石後，開始與住在深山裡的泰雅族互相交戰。隨後的補給部隊，則是由一群客家人背著扁擔，沿河道開出一條補給路線，以讓野戰砲與牛車能通行。在現代化武力的鎮壓下，尖石的泰雅族全境不敵終歸投降，內灣就此成為這三年間戰爭的前哨站，許多的日軍在這裡進出。

尖石岩。

內灣林業的開發

當尖石、五峰一帶的泰雅族群全境降伏後，台灣總督府派遣林業調查人員前往深山勘察台灣高山的林業。而內灣此時又轉換成為一個進入深山伐木的重要基地。大量的伐木業興起，許多閩南人、客家人與日本人來到此地居住。原本偏僻的村莊，因應這群伐木工人而生逐漸開啟的旅社、餐飲、妓院以及一座戲院，足以見證當時的繁華程度。

有戶來自日本九州佐賀縣的河野東湖一家人，因台灣總督府招募而來台，展開新領地的建設與開發工作。河野家相當貧困，這次來台對他們而言，是有機會可以翻身掏金的地方。

在河野到台灣之前幾天，他走到離家不遠的佐嘉神社祈福參拜，佐嘉神社供奉的就是河童。河野參拜完轉身的剎那，其中有一隻河童石像的眼睛，在太陽西照下露出紅色的光芒。

河野跟著同鄉一同來到內灣，搭起簡易的家屋居住並且互相照應。他娶同為日本人的女子為妻，並生下一個男孩叫做雄太。在雄太還小的時候，河野都是一人上山伐木，由太太陪伴著雄太在家附近進行農作種植。晚上睡覺前，河野總會說家鄉的河童故事給雄太聽，聽著故事的雄太也總在不知不覺間進入夢鄉。

河野常告訴雄太，佐賀家鄉流傳的河童是善良的妖怪，牠會幫助人類抓魚、甚至會救溺在水中的人。這些故事聽久了，也一直停留在雄太的記憶裡。雄太進入學校就讀後，河野太太才隨著先生一同上山工作。

當時日本人開發許多林道，以「之」字形路線，一步步從山上運送下山，讓山上具有經濟價值的林木可以運送下山進行標售。運送方式採用一種叫做「木馬」的運送方式，也就是用木頭蓋的軌道，透過前方拉後面推的方式讓林木能夠運下山，通常都是男人在前拉、女人在後推，但因斜坡路段相當危險也常常發生意外，許多先生因而喪命，太太只好改嫁或成為寡婦。

河童重現

雄太上小學後，河野太太得在清晨四點多就起身燒柴煮飯，天還沒有亮就必須先打理好一天的三餐。將簡單的醬菜與煮好的白飯，捏成一個個飯糰放在鋁盒中，外邊再用包巾綁好讓先生帶著上山。當河野太太埋鍋煮飯時，河野先生已換好工作服，上工前會翻開蚊帳看看雄太熟睡的身影，因為往往當雄太醒來時，他早已在深山裡工作了。

某天學校休息時間，同學們聚集在一起聊天，聽說在不遠的地方有顆叫做「尖石」的大石頭常會發出哭泣的聲音，還有人說裡面有一只妖怪住著。大家你一言我一語地討論起來，雄太也對這傳言聽得津津有味。最後大夥們決定今天下課後去探險一探究竟。

好不容易等到下課鐘響，大家興奮地前往傳說有妖怪的地方探險。此時春天將近，二月開始已有些山櫻花綻放。大約走了快半個多小時，他們終於見到傳說中的尖石，然而當大夥們靠近仔細察看，認為不過是一顆普通的石頭而已。雄太發現石頭上方似乎有一個洞穴，但其他人卻沒看見似的，直說無聊後紛紛回家。

「雄太，走了啦！」

雄太回頭在看一眼尖石，眼尖的他發現洞穴中似乎有一個人影，於是他對同學說：

「你們先走，我待會兒馬上就追上你們！」

「好吧！要快點喔！」

雄太爬上尖石，在洞穴中果然看到一個正在睡覺的妖怪！雄太從洞口朝裡面望去，看到一個頭頂似乎有著圓盤，鳥嘴，身體如小孩子般的妖怪身形。

「是河童！是河童！沒想到傳說中的妖怪就是河童！」

原來數年前因為人類的追擊，它逃回尖石這座誕生地避難，但因所受的槍傷並未被治癒，只能讓自己睡著。晚上它常常會做起被人類襲擊的惡夢而不斷哭泣。所以經過此石的人們，才會傳聞這顆石頭夜晚會哭泣。

運輸伐木的木馬道。

河童甦醒

雄太在洞口一直盯著河童，他從小就從父親口中聽說河童的傳說，沒想到在內灣這裡也有。濃烈的人類氣息驚醒正在熟睡的河童，河童看到洞口外有一雙眼睛在盯看，不由得大叫一聲，洞口外的雄太被嚇到跌落在地上，幸好洞穴離地面不會落差太大。

「好痛！」雄太摸著屁股叫著。河童探出頭偷看雄太，雖感覺不像之前追擊想殺他的人類，但人類可怕的陰影仍停留在牠的心中。

雄太拍拍身子站起，走上前對洞裡的河童說：

「河童先生不要害怕，我叫河野雄太，住在內灣村。可以當你的朋友嗎？」

躲在洞穴裡的河童不發一語，只是睜著大大的眼睛眨了眨。雄太伸出右手再次出聲：

「河童先生，請你當我的朋友吧！」

河童的耳朵前後移動兩下，當還在猶疑眼前小男孩是否是壞人時，牠的手被雄太抓到了，雄太將河童拉出洞穴，小小的身軀被雄太拖抱著飛起來。

河童害怕地喊：「住……住手……呱！」

雄太停下腳步並放開河童的手，河童緩緩地坐在河灘上。雄太很意外河童竟然會說人類的語言。

「河童先生，請問你叫什麼名字？」

原本閉上眼的河童睜開左眼，看一下雄太：「我叫痲伊。」

雄太點點頭露出開朗地笑容：「麻伊！從今天起你就是我的好朋友了！」

河童看著眼前這個善良的男孩，心想，也許人類中也有不可思議的人存在著吧？由於麻伊沉睡前所受的槍傷似乎還沒癒合，所以不一會兒就體力不支倒在地上。雄太見狀過去查看，才發現麻伊的腹部有個小洞似乎還留著一些綠色的液體。

「想必麻伊先生受了很重的傷吧！」

雄太背起著麻伊悄悄地回到家中，趕緊把母親常用的藥盒翻找出來，裡面有一個是刀傷所用的藥膏。雄太看看時間，發現父母快要下山了，於是將暈倒的麻伊藏在農舍的倉庫後方細心照料。

河童與雄太

從那一天起，下課後雄太都會跑去倉庫後方看看麻伊。某天下課他發現麻伊不見蹤影焦急地四處尋找。突然後面傳來聲音：

「雄太，這是什麼？長長的很好吃！」麻伊邊咬邊發出卡吱卡吱的聲音。

雄太回頭，看到麻伊抓著很多根小黃瓜。他向麻伊說：

「這叫做小黃瓜。原來你喜歡吃小黃瓜啊！」

原來，麻伊雖恢復精神，但是身子還是很虛弱。因為很久沒有進食，在雄太去上課時，似乎嗅到食物的味道，便朝著氣味的方向走去。麻伊來到瓜棚底下，抬頭看到上方一條條綠色的奇怪東西，跳起來抓起其中一條來吃。

「好好吃啊！」

沒想到這長相奇怪的東西竟是這麼好吃的東西，不知不覺所有瓜棚的小黃瓜都一根接著一根地被吃掉。當聽到雄太尋找牠的聲音時，就摘下最後的幾根小黃瓜後朝雄太的地方走去。

「雄太、雄太，你跑去哪裡了？」

此時遠方傳來河野太太的喊叫聲，雄太看著煙囪冉冉升起的白煙，知道母親已經在叫吃飯了。

雄太叮嚀麻伊：「麻伊，你就待在這附近千萬不要亂跑，知道嗎？」

「呱！」

用完晚飯後，河野太太還要準備明早要吃的菜，當她走去瓜棚一看，感覺奇怪，怎麼今天連一條小黃瓜都沒長？河野太太自言自語覺得疑惑，雄太當然裝傻當作不知道。

晚上睡覺前，雄太問躺在旁邊的河野先生：

「多桑，你說過遠方的家鄉有河童，那麼你有見過河童嗎？」

河野先生摸了摸雄太的頭：「傻孩子，很多故事就當它是故事吧！我也沒親見過河童，也是你祖父告訴我的故事。這是我們河野家代代相傳的故事，以後當你長大生了孩子，你還是要一直傳下去喔！」

「我知道了，多桑晚安！」

煤油燈吹熄後，河野一家進入睡鄉。黑夜裡的內灣四處響著蟲鳴與蛙鳴，幾隻螢火蟲也帶著光點在草叢間飛來飛去。

河野太太的疑惑

清晨，河野太太睡醒後，梳好疏頭髮綁上頭巾，走出戶外準備劈柴煮飯。她總覺得好像有人在看著她似的，心想可能是自己多心了吧！於是繼續生火，再走到菜園摘些青菜。瓜棚長出了一點小黃瓜，不過還太小條，只好再等個幾天。只是很奇怪，過兩天想再摘小黃瓜時，卻發現又一條都不剩。

在山上工作時，河野太太向丈夫說出自己的疑惑。

「很奇怪明明我前天還看到有長小小條的小黃瓜，今天一早想摘時卻一條也不剩。」

「也許是被猴子偷吃了吧！」

「就算是猴子也不可能都吃光吧！」

「有可能是一整群猴子喔！」

「也許吧！」

麻伊康復後，雄太將牠送回到尖石處，因為怕父母會知道這個的秘密，所以每到放學後，雄太總是先回到家中瓜棚摘幾根小黃瓜帶給麻伊。麻伊則每天在溪水裡游泳抓香魚、苦花魚來吃。

雄太常常到尖石附近找麻伊玩，他們會在比較平的沙灘處玩相撲，但雄太卻怎樣都贏不了，別看河童雖小，但是牠們卻擁有強大的臂力與腳力。玩累時，他們就坐在地上休息，麻伊張開大嘴享受著美味的小黃瓜，雄太則兩手撐在地上，抬頭看著天上的雲。有次雄太很好奇麻伊到底多大年紀？於是開口問：

「麻伊，我今年十歲，那麼你幾歲呢？」

「我二百多歲了，在人類還沒大量進來時，我過著與世無爭的生活，但人類來之後不停砍木頭，我只好不斷沿著溪水找無人的地方，後來把這塊石頭當作我的家。直到那天遇見那位巡查。我那時只是好奇跟著他，沒想到他竟拿出奇怪的東西打傷我。」

雄太繼續問：「你有沒有朋友呢？」

「沒有……你是我認識的第一個朋友。」

雄太是麻伊一生中的第一個朋友。麻伊為了感謝他，常常抓很多油羅溪中的苦花魚送給雄太，雄太也常常拿著摘到的野菜與小黃瓜與麻伊分享。雄太常在下雨時，帶一件蓑衣給麻伊穿，然後二人一起在街道上到處穿梭。有時會躲在內灣戲院旁，透過木稜窗的隙縫偷看著裡面所放的電影，被發現驅趕時才一起逃跑。

▲內灣火車站。　▼內灣老街屋。

雄太的意外身故

雄太漸漸長大，他常常幫父母到野外摘野菜回來添飯。某天雄太在油羅溪的對岸山摘完野菜，看到深山方向似乎被黑雲籠罩，正當過河走到一半時，油羅溪忽然暴漲起來，雄太被巨大的洪水沖走，在水裡不斷掙扎，喝入大量溪水，最後仍敵不過大自然的力量溺斃在油羅溪裡。

幾天後，麻伊因雄太很久沒找牠玩覺得奇怪，悄悄地趁黑夜走到雄太家，卻看見熊太家中正在舉辦喪事。躲在門外的麻伊聽見雄太父母的哭泣聲，看見河野先生強忍著悲痛安撫喪子的妻子。麻伊轉身奔跑，眼淚潰堤，想起許多過去的往事。

「雄太，你真的死掉了嗎？」

當牠知道雄太是溺斃在暴漲的溪水裡，傷心地在石頭上連續哭泣好幾個夜晚，為自己沒救到好友性命自責。麻伊常常在晚上走到雄太的墓前，彷彿故友還存在似的在旁陪伴，天亮之際才走回油羅溪。

自此之後，只要有人要通過油羅溪，卻不幸被水沖走時，常會出現一個小綠人的身影，在溪底中拖著他們到岸上安全的地方。某天，一位婦人在涉溪時不小心被洪水沖走，載浮載沉之際，發現有個像是大烏龜殼的東西朝她游來，並清楚地看見是個頭上有盤子的小綠人救了她一命。從那時候起，內灣村的村民展開傳聞，油羅溪裡有一位守護他們生命的河童存在。

由於有許多村民皆曾被搭救，卻又遍尋不著它的真實身分，於是被救過的日本人在離尖石不遠

油羅溪河景。

尖石祠的河童神社殘跡。

處，建一座日本神社來供奉河童，台灣人則在尖石的對面蓋一座福德祠，來祭拜這位河神。直到內灣吊橋建造完畢之後，再也沒有人目睹過河童的出現的傳聞。可能因為吊橋連結油羅溪的兩岸，保障村民回家有安全的路可以走。

河童成神

某個夏季夜晚，麻伊在尖石洞穴中睡覺，似乎聽見有人正在叫他的名字。麻伊走出洞穴朝聲音走去，來到比尖石更上方的溪谷，聲音卻在這裡消失了。麻伊躺臥在一顆巨石上面，想起雄太，又開始難過起來。

麻伊在哭泣時，有很多發光的蟲子朝他飛來，這些發光的蟲子組合成一道人影化成雄太。麻伊看到雄太非常高興，也感到很驚訝。雄太用手摸著麻伊的頭說著：

「都是我不小心被洪水沖走而死，這段時間讓你孤單了。今天可以再次見面，是上天看到我們之間的真誠友誼而感動，所以升我為河神祇與你一同守護油羅溪，讓這裡不再有人因為意外而罹難。」

麻伊看著雄太感動地點點頭，雄太伸出手放在麻伊的頭頂圓盤上，瞬間麻伊的身體充滿金色光芒，接著肉體開始不斷地變大，最後變成一個巨大的青蛙石。

日本人曾蓋一座河童神社，裡頭有尊黃金打造的小河童像，但在戰後已不知去向。神社也在日本人離去後荒廢，後來被拆除只留下基座。這個故事最後只能流傳於當地人們的口述記憶裡。

尖石鄉的青蛙石。

尖石對面的福惠祠土地公。

歷史小學堂

1．內灣地名由來：油羅溪從上游流至此轉一個大彎，而內灣村在河道左側腹地上，後面有大山躺臥，故稱內灣。

2．尖石之役：明治四十三年台灣總督府發動討伐北泰雅族的大規模戰爭起點。當時隨軍攝影師留下現今尖石最早的照片。而內灣也因此成為當時屯兵進駐的重要前線。本來在林業博物館前有一忠魂碑，近年來卻下落不明。

3．內灣的林業發展史可以進去內灣林業展示館有詳盡的歷史介紹。

內灣林業展示館。

MAP & info.

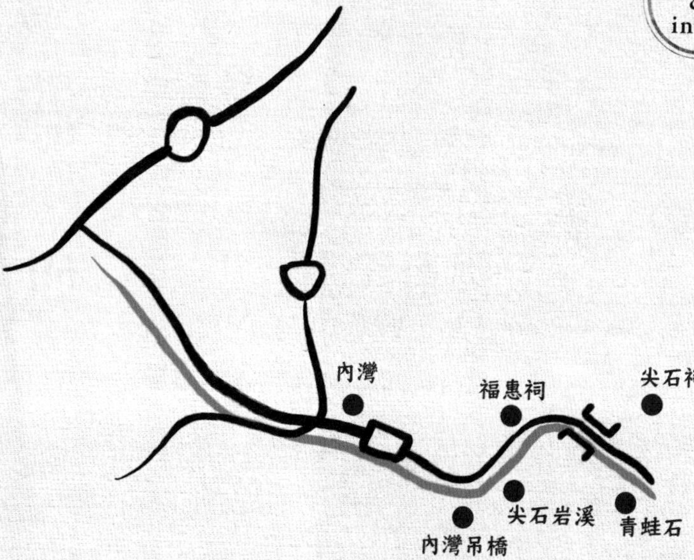

公路　國道芎林交流道下，接新竹縣道 120 直行可抵內灣老街。尖石岩在沿內灣村向前治尖石村旁。青蛙石則在過尖石大橋右轉沿竹 60 縣道上行可抵達在左側溪谷當中。

台鐵　至新竹火車站搭乘新竹內灣線小火車至終點內灣火車站下車。

高鐵　新竹高鐵站下車後轉程六家線至竹中火車站接內灣線小火車。

公車　內灣村有 5625 號公車可以繼續向前道尖石岩與青蛙石景點下車。

no.
18

戲偶媽媽

戲曲之神幫助女孩達成母親復活的心願，
但女孩的生命卻一點一滴在消逝著……

神
位

戲偶師東渡

有個以操縱人偶表演維生的行業，人們稱之為「傀儡戲」，約三人為一個劇團，一個是前場頭手，負責戲偶的演出；一個為是前場二手，主要協助頭手的演出；最後一位則是在後場配樂演奏的樂師。

清末至日治時期，大稻埕為台北最繁榮的區域之一，許多來自大陸泉州一帶的傀儡戲班皆來此表演謀生。大正年某月，有位中年男子牽著一位小女孩於大稻埕碼頭旁邊上岸，他背著一只大戲箱，破舊斑駁的戲箱看來相當有歷史，人稱阿祿師。

阿祿師為討生活，遠從中國的福建省泉州渡過黑水溝來到台灣定居，是以賣藝維生的社會基層人士，他的戲說唱俱佳，只要看過的人無不稱讚。在他的手中，一具具連著操縱絲線的戲偶活靈活現地動了起來，配合著俏皮的對話與伴樂逗得觀賞人們哈哈大笑。很快地，他的技藝得到大稻埕民眾的認可，便掙點錢買下間樓房當戲館，父女倆也終於免去到處漂泊的賣藝人生。

對媽媽的疑惑

阿祿師的女兒名叫小愛，即將滿七歲，已到該上小學的年紀。然而每天忙碌於工作的阿祿師只能在一大早先將小愛送到學校，到下課時才匆匆地趕過來接回家。對於身兼母職的阿祿師，小愛也很懂事地為爸爸體諒。

某天下課，小愛站在校門口等阿祿師，看見許多同學都是媽媽來接放學，心裡感到非常羨慕。正當因想著而出神時，阿祿師氣喘吁吁地背著大戲箱趕到。

「小愛，不好意思爸爸來晚了，走，我們回家吧！」

小愛伸出小手，牽著阿祿師佈滿厚繭與刀疤的手，邊走邊好奇地問：「爸爸，我的媽媽在哪裡兒？別的同學都有一個媽媽來接放學，怎麼我就沒有呢？」

阿祿師臉色一沉：「小愛，妳的媽媽到很遙遠的地方去了，已經不在人世了……。」

「原來我也有個媽媽！那為什麼媽媽都不曾來看我？」

「傻孩子，死掉的人怎麼會活過來呢？」

小小年紀的小愛當然不明白人死不能復生的道理，只是當知道自己也有母親時，覺得很開心，心想總有一天會應該會見到媽媽。

戲神顯靈

當天晚上，戲偶的劇場關燈休息後，小愛與阿祿師也都睡著了。睡夢中，小愛看到一個穿著戲服影像的神秘人物，好奇地問：

「你是誰啊？」

「我？我就是田都元帥啊，你們戲班的祖師爺是也！」

「少騙人了，祖師爺就坐在神桌上，它是神怎麼可能會說話？」

「沒錯，神像一般不會說話，但我確實就是你們供養的那位田都元帥。如果不相信，妳醒來後到神桌前雙手合十，再說三聲『田都田都快醒來』，我自然就會動了。我知道妳想要見妳的媽媽對吧？我可以讓妳的媽媽復活。」

「這是真的嗎？我可以見到我的媽媽？」

當小愛想進一步問時，田都元帥的身影越來越模糊，只聽到類似孩童般的笑聲在迴盪。

小愛醒來之後，看到阿祿師還在打呼睡得正熟，於是穿起拖鞋獨自走下樓去。她對著在神桌上的田都元帥雙手合十地朝拜，口中唸著：

「田都田都快醒來……田都田都快醒來……田都田都快醒來……。」

唸完三聲後，小愛看四周靜悄悄地沒有任何動靜，心想著果然這還是一場夢，打算重新回樓上睡覺。正要轉身上樓時，她聽見背後傳來一個小孩子的笑聲，轉身一看，原本坐著的田都元帥竟站了起來，快速跳到小愛的身邊。小愛驚訝地看著田都元帥，久久不發一語，沒想到竟然是真的！

「怎麼了，本爺可沒騙你吧！」

「可是你為什麼會動？會說話？」

「傻孩子，我是戲劇之神，雖然身體是木雕的，但就跟你們一樣是活著的。只是我們神仙並不一定會顯現給每一位凡人看，這可得講究緣分的。」

小愛雖聽得有點半知半解，但她相信眼前的神可以讓媽媽復活。她馬上問：

「田都元帥，那麼請問我該怎麼樣讓我的媽媽復活呢？」

「這很容易，妳應該知道妳們家有一個很古老的盒子，上面貼著一道符，只要將符撕開，打開盒子裡面就會見到一尊素面的木偶。然後拿起針刺入自己的手上，將鮮血滴在木偶上，召喚妳想見的人就會出現了，但是……」

「但是什麼？」

田都元帥遲疑一下，繼續說：

「雖然妳媽媽會復活，但因為是用妳的鮮血換來的，所以妳的生命會轉至她的身上。妳有可能會因此而替她死，這樣妳也願意嗎？」

「只要可以見到媽媽，我什麼方法都願意試看看。」

「那好，我們去取那個盒子吧！」

田都跳到小愛的肩膀上，小愛偷偷摸摸地打開爸爸每天背出門的老戲箱，看到戲箱裡有一個很陳舊且貼著符咒的木盒子。正當小愛想要撕掉那張符咒時，卻開始猶豫，因為她想起阿祿師常跟她的說古老故事。

前世恩怨

很久以前，中國福建省泉州誕生一位天才洋溢的戲偶師，名叫田都。他的雙手可以雕出任何活靈活現的戲偶，那些戲偶不用靠任何線去綁就可以動，也都只聽他的指揮表演。人們雖感到好奇，仍為其高超的操控技術喝采，田都也成為許多人看戲的首選。

有喝采當然也有妒忌，尤其越傑出的人背後，越是有人虎視眈眈地等待打敗他的機會。某天當田都在某個山村表演完，背著戲箱回家途中下起大雨。經過一座木橋時，橋下方是湍急的河水，背著重物的田都動作很緩慢，沒注意到有人在後面跟隨。一不留意，後方的人用力推田都一把，不會游泳的田都就這樣地隨著沉重的木箱掉落在河裡被淹死。

幾天後，一位老人在河岸上發現田都的屍體。由於人們皆懷念與惋惜田都的表演天份，故有人起意，可立田都為戲曲之神。廟宇建立後，很多演戲唱戲的人都會來朝拜希望能得到庇佑。

只是沒人發現，跟著田都四處表演的木箱被偷走了，偷走的人，也是同村一位操控傀儡的戲偶師阿木。妒忌心強的阿木認為被田都搶盡風采，他再怎麼努力也不被人們所重視，失落感與技不如人的失意引發他的殺意。

「也許是田都的戲偶有不可告人的秘密吧！」

阿木常常偷跟著田都，觀察他到底施展什麼邪術在這些戲偶身上。某天，阿木看到刻好戲偶的田都，朝戲偶滴上自己的鮮血，然後命令戲偶變成任何田都想要的角色。發現這項秘密的阿木相當驚訝，也依樣畫葫蘆地刻一尊戲偶，但是怎麼發號司令戲偶一點反應都沒有。

1 | 2
3

1. 田都元帥神像。
2. 大稻埕歷史悠久的戲偶文化。
3. 台原亞洲偶戲博物館。

有天田都又刻完一尊新戲偶，阿木找機會將戲偶掉包，田都還沒能發現這個事情，就在過橋時被阿木推一把而命喪黃泉。阿木拿著偷來的戲偶開心地跑回家，打開時竟看見戲偶成為田都的模樣，憤怒地看著阿木，阿木嚇得心臟病發死去。

報完仇的田都，走到好友阿民家，阿民見到田都戲偶竟然會說話，也差點被嚇死。田都向阿民表示自己本是天上魁星，負責到人間演戲散播歡樂，但不幸被奸人所害而死於非命。如今領有玉旨，封為戲曲之神護佑所有戲子伶人，但唯一的禁忌是不能碰水。僅剩的這尊木偶在百年之後，會再次復活幫助一位前世有恩於他的恩人。

田都的恩人就是小愛。在前幾世時，田都是一隻愛唱歌的畫眉鳥，有天因為被一群調皮的小孩丟石頭攻擊不甚受傷。田都倉皇逃離現場，但飛沒有多遠就因體力不支從天空掉下。在性命垂危之際小愛將牠藏起，才沒有被後來追來的孩子發現。在小愛每天細心照顧下，田都漸漸康復，並和小愛成為好朋友。有天土匪入侵村子四處打劫家舍，小愛一家子也都遇害。田都傷心到哭啞喉嚨最後吐血身亡，直至最後都沒忘記自己的救命恩人。

田都請求阿民，一定要將木盒用觀音佛祖的符咒貼牢，切勿被其它人拿去。阿民聽了很感動，當下應允田都的請託，田都的魂魄退去後，戲偶癱在地上成為一個普通的木偶。為遵守與田都的約定，阿民編出木偶被下詛咒的故事，所以代代相傳的戲偶師沒有人敢動那只木盒。經過許多代後，終於傳到阿祿師的手上。

母女相會

當小愛找到木盒，決定要打開時，田都為求慎重再次問小愛：

「小愛，妳媽媽是可以復活，但是妳真的願意用妳的生命去交換嗎？」

「只要能見到媽媽，什麼條件我都可以答應。」

小愛撕開古老的符咒，打開木盒，拿出針朝自己的左手指扎下，不一會兒鮮紅的血滴流出，她再趕緊將血滴在木偶的身上並喊著：「媽媽、媽媽，小愛思念的媽媽請回來吧！」

原本素面的戲偶漸漸浮現出一位年輕女子的樣貌，接著在空中飄起，落在地上後漸漸變成真人大小。小愛的媽媽——阿梅真的復活了。

阿梅見到小愛，淚眼汪汪地走去緊緊抱住：「小愛，媽媽對不起妳，讓妳跟爸爸辛苦了。」

由於小愛只有接觸過爸爸厚實的胸膛和粗糙的手，眼前的女人身體很柔軟，摸她臉龐的雙手也很細嫩，所以一時之間小愛有點不習慣。不過在母愛感化下，很快地內心冰牆融化，小愛不斷流出眼淚並緊緊回抱阿梅，場面相當感人。

鄰家的雞開始鳴叫，天即將要亮了。田都提醒阿梅必須趕緊恢復原狀，小愛一開始有點抗拒，但當知道阿梅一見到陽光會魂飛魄散，只好趕緊先與推開阿梅，哽咽地哭著：

「我知道了，那媽媽我們勾勾手，晚上妳一定還要再來喔！我有好多好多話想跟妳說。」

「媽媽答應妳，晚上一定會再來。」

阿梅說完後，田都元帥將阿梅變回原本的木偶，並收回到盒子裡，他也趕緊回到神桌坐下。

阿祿師起床發現小愛不在身邊，趕緊走下閣樓找到正在神桌前哭著的小愛，心想也許女兒只是做一場惡夢。小愛則沒多說話，只是不發一語地看著田都元帥的神像。

七爺八爺的捕捉

當天晚上阿祿師入睡後，小愛又偷偷地打開木箱，重複昨日的動作讓阿梅再次復活，繼續享受兩人短暫的母女相聚時光。日子一天天過去，原本清純可愛帶點肉感的小愛，不斷消瘦且精神不濟，木偶則越來越有真人的樣貌。

陰曆五月十二日是大稻埕的大日子，霞海城隍會帶領著部將夜巡大稻埕。七爺、八爺與各鬼差陣頭穿梭於大街小巷之中好不熱鬧。這一天阿梅一直感到很恐懼，她害怕會被城隍爺抓走，再也見不到小愛。

坐在門口等阿祿師回家順便看熱鬧的小愛，看著遊行隊伍從前方經過，奇怪的是，它們竟又繞回來，索性停在小愛家門口不動。神偶七爺與八爺互相對看，然後竊竊私語：

「高仔，這間房子有一股不尋常的妖氣在。」

「這不是陽間人，但是又帶點人氣還有點鬼氣。你看這位小妹妹兩眼無神，額頭帶點黑氣，好像是被吸了陽氣。莫非這裡面有什麼壞東西在？」

「就讓我的奪魂索去抓裡面的鬼怪。看招！」

八爺丟出奪魂索，鎖鏈在屋內穿梭，接著銬上那樽木偶，並將其拖出。

八爺怒吼：「妳這女鬼還不快現身？」

阿梅哀求：「八爺將軍饒命！我只是個平凡的母親，請您高抬貴手放了我吧！」

「妳這亡魂，難道妳沒看到妳的女兒生命正一點一滴消失嗎？」

小愛看見阿梅被抓，驚慌地朝八爺猛打：「黑臉大壞蛋！放了我媽媽！放了我媽媽！」

七爺拿扇子輕輕一扇，一陣風將小愛吹倒。阿梅見狀跪在地上懇求：

「不要傷害小愛，我跟你們走就是了。」

審判亡魂

阿梅被帶到霞海城隍府內，八爺拖著阿梅跪在案桌前，兩旁還有牛頭馬面與鬼差。不一會兒，霞海城隍穿著官服坐在位置上，右手拿著板往案桌大拍一下。

「李阿梅，妳好大的膽子，竟然敢在本府管轄的境內擾亂陽間！」

「請原諒我城隍爺……我……我只是因思念女兒不忍離去。」

霞海城隍再次將木板打在案桌上：「人在陽間，魂在陰間，陰陽兩隔世間才能夠分明。如今妳借木偶重生，擾亂陽間生命法則。本府判妳入枉死城，永不得再返人間。來人啊！將她給我帶下去。」

「住手！請霞海城隍手下留情。」

兩神兵戎相見

霞海城隍問道：「來者何人？報上名來。」

「吾乃田都元帥是也，請霞海城隍手下留情，放過小愛的母親阿梅。」田都帶著戲偶群現身府內。

「本府奉天律掌管境內平安，豈能因其他神祇求情亂掉世間定律？本府念你是戲神暫不追究責任，沒想到生而為神的你，竟然放縱亡魂復生至戲偶上擾亂人間。快退下，不然本府絕不客氣！」

田都見霞海城隍不肯退讓，變出長槍兵器，身後的戲偶與霞海城隍的兵將則準備搶走阿梅的亡魂。當雙方劍拔弩張，情勢更緊張時，一陣紅光出現，慈聖宮的媽祖駕到，身邊還跟著千里眼與順風耳。

媽祖：「兩位神尊且慢。」

「參拜天后娘娘！」眾人趕緊參拜。

「平身吧！霞海城隍，本宮也贊成田都元帥之意，放了李阿梅。」

霞海城隍難為地表示：「天后娘娘，天界有律條規定，亡魂就該入地府，不得擾亂人間，若我破開此例，爾後該如何交代？」

「你可不知阿梅復生是用她女兒的血換來的？孝感動天，你看小愛正跪在本宮面前祈求。天帝那邊本宮自會說去。所以放了阿梅的魂魄。」

「這……這……」霞海城隍欲言又止，城隍夫人也急忙出來打圓場：「城隍爺您就放了阿梅吧！天后娘娘都講情了。」

霞海城隍沉默思索一陣子後宣判：「李阿梅亡魂聽令，本府看在天后娘娘的份上暫且饒過妳，但是我只能再給妳七天的時間，到時本府將依律例嚴格執法。誰求情也沒有用。退堂！」

台下的戲偶們開心歡呼，阿梅趕緊跪在媽祖前磕頭謝恩：「謝謝天后娘娘！謝謝天后娘娘搭救之恩！」

媽祖溫柔地說：「起來吧。妳有一個孝順的孩子，但霞海城隍所言沒錯，人是陽，鬼是陰，妳雖藉由戲偶附身重返人間，但沒注意到小愛的人氣被妳吸走甚多，如果再這樣下去恐會丟失她自己的性命，本宮不樂見此事的發生。還有田都元帥，你本是神祉，就知道做是該有所謂的度。過猶不及，本宮念你出發點為好意故不追究你的責任，至於該怎麼收拾結尾，就由你自己看著辦吧！」

田都拜謝媽祖後，帶阿梅回到小愛家，他語重心長對阿梅說：「雖然妳是我做的戲偶，但是本帥的確是為了報恩而讓妳重返人間。也正如天后娘娘所說，妳若再待在人間，雖會吸光小愛的陽氣成人，但小愛卻也會因此喪命甚至代替妳到地獄裡受罪。最後七天妳就自己決定吧，本帥能力有限，不能再插手了。」

「下女知道。謝謝田都元帥的救命之恩，只願這七天我能平安陪伴小愛。」阿梅再度泣謝。

「本帥盡力而為。快去吧！去慈聖宮帶回小愛。」

母女重逢

阿梅打開門往外奔跑，只剩下七天的時間，那怕是一天一分一秒都如此珍貴。阿梅走到慈聖宮，見到女兒瘦弱的身影正跪在已經關起廟門的慈聖宮前，阿梅哭了，她摯愛的女兒正在救她，她卻只能一天天奪走屬於她的點滴生命。

阿梅輕聲呼喚：「小愛。」

小愛回頭看見阿梅，連哭帶跑地撲進阿梅懷中緊緊相擁。放鬆心情的小愛依靠在阿梅懷裡睡著了，阿梅用手輕輕撥弄小愛的頭髮，又不由自主流下眼淚，她必須趁著最後的七天去完成為人母的責任。

阿梅將睡著的小愛放在床上，小愛的手仍緊緊抓著阿梅的衣領，阿梅靠近小愛的耳旁輕聲說：「小愛，妳放心，媽媽一直在妳的身邊不會離開的。」

小愛的手鬆開了，阿梅幫小愛蓋上被子並哄唱著兒歌。她找到一些布料，在微弱的燭光之下，一

霞海城隍爺與眾鬼差。

大稻埕霞海城隍廟。

針一線地縫著，她想幫小愛縫件衣服與布娃娃，希望能代替自己陪在女兒身邊。

夫妻情緣

當快縫完布娃娃的同時，喝得醉醺醺地的阿祿師回到家裡，他打開門，看見一位年輕女人坐在椅子上，便質問：

「妳是誰？妳怎麼會在我家？」

「阿祿，我是阿梅！你忘記了嗎？我就是你的老婆啊！」

「不可能，阿梅早就死去了。妳別騙我了，快出去，不然我就要趕妳出去了！」

「死祿仔！你敢打你祖嬤試看看！阿娘跟你拚生命！」

阿祿師被這一句話驚醒，因為這正是阿梅活著時最常罵他的一句話。阿祿仔細看著眼前的太太，哽咽地跪在地上跟阿梅道歉：

「阿梅……是我對不起妳，在妳生小愛的時候為了上戲，我沒有在妳身邊，沒想到妳會難產而死。我很後悔，我去死死來陪妳好了……。」

阿梅看到阿祿師真要撞去，拎著他的耳朵生氣罵著：「住手！死阿祿仔，你如果也死了，那咱仔小愛是要當孤兒受人欺負是嗎？你清醒一點好嗎？做事還是這麼地衝動一點都不考慮後果。」

「阿梅不要捏了啦！很痛很痛啦！」

雖然阿祿師耳朵很痛，但他還是很懷念這個感覺。自從阿梅死後，為扶養小愛長大，面對多少的苦也只能往心裡頭吞，也因此才會常常借酒澆愁。當阿祿師再次見到阿梅時，也不由自主地嚎啕大哭，釋放這些年來心理的壓力。那一晚，他只感覺自己在作夢，如果是夢又希望不要醒來，因為現實的生活是無止盡的重擔，壓著他完全喘不過氣。

帶著酒意的阿祿師宣洩完壓力後累得睡著，阿梅扶他躺在太師椅上幫他蓋好被子。阿梅也很懷念他，雖然有點懶散，有點愛說大話與夢想，跟別人老公比總是不如人，但是當阿祿師在演戲時，那專注的表情與功夫卻讓人著迷，當初就是深深地愛上他這一點，才嫁給他。

阿梅生前不嫌棄跟他一起過流浪四方的討戲班生活，也不羨慕別人有多富有的老公，因為她懂得欣賞阿祿師的優點，還有吵架總是讓著她的那一面。丈夫要能靠，就是要有那肯打拼賺錢的責任感，而不是坐山吃空等著揮霍。這是阿母告訴她選丈夫的重點。

演戲，是哪裡有需要就要往那裡去討賞，無論是布袋戲還是傀儡戲，對阿祿師而言都不是難事，他學習這項技藝最主要的原因，就是他喜歡看到別人因為他的戲而開心，臉上充滿笑容。

這對貧窮夫妻，隨著戲班不斷到處奔走，阿梅總是幫忙顧前顧後。每天當阿祿演完戲之後忙著算錢記帳，她需要將得來不易賺到的錢省點花，有招一日也希望阿祿能成立一個屬於自己的劇團，賺更多的錢。

某天在做戲時，阿梅忍不住一直想吐，一直覺得是不是吃壞肚子。整個感覺就是很不好受。她想待戲演完再去鎮上找大夫看身子。下戲之後，阿祿陪阿梅找大夫把脈。大夫把完脈笑嘻嘻地看著跟阿祿與阿梅，恭喜他們要做人家父母了。

「這是真的嗎？我太太有身孕了，我就快要當人家阿爸了！」阿祿師高興地衝到街道外到處嚷嚷喊叫，好一會兒才又衝回來。

「我就要做了阿爸啦！我就要做人阿爸啦！」回到位子上阿祿師還是喜不自勝說著。

「神經喔！快聽大夫講看看要注意什麼事情。」阿梅皺眉提醒。

「對喔！不好意思大夫，一下子太高興了，那請問有什麼要注意的地方嗎？」

大夫緩緩地說：「有身孕不要太過勞累，好好在家養身安胎。」

「是！是！」

阿梅的肚子越來越大，行動越來越不方便。某天當阿祿師出門演戲時，阿梅覺得肚子有點陣痛，看到下體流出水，害怕地跑去跟隔壁的阿福嬸求救。好心的阿福嬸知道是生產徵兆，趕緊拜託街坊鄰居太太一同來幫忙，順便去找產婆。另外也派村人到隔壁縣的土地公廟叫回阿祿師。

正在土地公廟演戲的阿祿師，手拿戲偶正在對唱，沒想到唱一唱戲偶的頭卻莫名奇妙斷落在地上。阿祿師不以為意。此時村人阿牛急忙跑來：

「快！你老婆就快要生了，趕快隨我回去！」

「是喔？但我戲還沒演完，如果走掉對廟公與土地公無法交代。不然你先回去，我戲演完收好後就馬上回去，女人生小孩聽說都沒那麼快的。」

就這樣，阿祿師錯過最後一次見到阿梅的機會。

阿梅由於難產胎位不正，躺在床上痛苦地掙扎，臉上不斷冒出冷汗，呼吸也不斷加速。由於恐懼與害怕，阿梅不斷抓著阿福嬸直喊痛，阿福嬸只好安慰著要她忍耐。

娃娃響亮的哭聲響起，產婆終於接生成功，生完產的阿梅虛弱地躺在床上，臉上滿是憔悴。

「阿梅，恭喜，是一個千金喔！」產婆開心地遞過寶寶。

「給我看一下……」

阿梅抱起女兒，輕輕地用手撫摸，忽然間寶寶從她的手中滑落，幸好一旁的阿福嬸眼尖接住。

「阿梅，怎麼這麼不小心，幼嬰怎麼經得起摔？阿梅……妳是怎樣了？怎麼地上都是血？救人啊！」

阿梅因為產後血崩過世了。當阿祿師急忙趕回家，見到眾人悲傷的表情時感覺有點奇怪，便問：

「阿福嬸，怎麼大家看起來都怪怪的？」

「阿梅生下你女兒後就往生了。抱歉，阿祿仔……」阿福嬸哽咽地哭著。

阿祿衝進去房內，看見阿梅躺在床上一動也不動，他抱起阿梅想衝去找醫生，但她的身子已經僵硬。阿祿師痛苦地摟著阿梅的遺體不斷哭喊：

「妳怎麼可以丟下我一人自己先走？我們不是說好要一起將孩子養大嗎？妳忘了嗎？妳快點醒醒啊……」

阿祿師家掛上白幡布，設簡單的靈堂。幸好有同村另一位生產不久的婦人願意協助餵奶，才讓小愛免於挨餓。守靈時阿祿師跪在阿梅牌位前，難過地怎麼也吃不下飯，早上出門還好好的，晚上回來卻再也見不到面，這打擊對他太大。他在門口撒上一堆太白粉，期望看到腳印出現，等到睡著卻還是沒看到。

隔天一早，阿梅的遺體用簡單的木板釘起來送上山頭埋葬，當棺木要蓋上的一瞬間，阿祿師哭得痛不欲生，身邊的人們也同感哀傷。跪在阿梅的墓前，阿祿師邊燒金紙邊念念有詞：

「阿梅，妳放心，我們的女兒我一個人會努力將她養大的。」

這天，阿祿師告訴自己只能哭這最後一次。此後每一天早晚，阿祿師都會點三柱香向亡妻與公媽神祖牌上香致意。直至小愛五歲那年，他接到一個來自台灣的邀約，準備好行李後就帶著小愛離開村子，一同到大稻埕演戲生活。

想起過去，阿祿師再次見到阿梅時，心中自然十分激動。

「阿梅，真的是妳，妳回來了，妳真的回來了！妳知不知道我有多想妳？」

「我知道你這些年來一直辛苦了，為了扶養小愛長大你吃了不少苦。」

「回來就好、回來就好。我們一家人又都可以再一起生活了。」

阿梅眼睛泛紅，她有些話想說，卻在喉嚨的地方卡住說不出來，她不想讓阿祿師知道她只剩下七天的事實。就讓這個家能夠完整的有七天，這是她唯一能為家人所做的事。

最後七日

自從阿梅回來後，阿祿師推掉許多演出，他想要彌補阿梅與小愛過去沒有相處的共度時光。由於這幾年來靠著演戲掙不少錢，他常帶著母女去到百貨商場，小愛開心地坐在爸爸的肩膀上，而阿梅則在一旁看著這對父女打鬧，這不就是家嗎？人們常說自己不幸福或有很多的抱怨，但是當家人少了一角才知道想念已成為過去，幸福就是懂得珍惜當下短暫的快樂時光。

第六天晚上，阿梅想要下廚煮頓飯菜，她希望在最後能為家人煮上一頓飯，這是為人妻也是為人母最後的心願。但她一時忘記戲偶畢竟是木頭做的，不能接近火。正要丟木頭去灶中生火時，一不小心火苗噴出，燒到阿梅的手。阿梅趕緊泡水，原本人形的手已經變成黑炭的木頭。阿梅明白自己終究只是個戲偶，而明天就是霞海城隍說的最後一天，她只能盡力去完成世上最後的責任。

阿祿接著小愛回到家，兩人看到香噴噴的飯菜口水都流出來，連手都來不及洗就先偷吃起來。阿梅看見後訓斥他們沒規矩。父女倆互相看一眼急忙低頭道歉。阿梅添飯給阿祿與小愛，也夾菜給他們吃，一家人開心地一起吃著飯。

吃著吃著，屋內的燈突然熄滅，當燈再恢復亮時，只見小愛正在抽蓄，身體體溫也變得冰冷，阿祿急忙背著小愛衝出門，跑到診所找醫生求救。

醫生將小愛放在病床上，檢查半天卻找不到任何方面的疾病，只知生命跡象微弱，醫生搖搖頭：

「這小女孩不行了，你們為她準備後事吧！」

阿祿難過地背著小愛走回家，阿梅心裡清楚小愛生命虛弱的真相，她心想：

「如果小愛死了，那麼我活著又有什麼意義呢？小愛還小，她還有很長的人生要走，要去經歷，而我早已經是個死掉的人，能夠再次復活見到他們父女我已經心滿意足了。」

無聲的告別

夜晚，阿梅讓阿祿師先去休息，看最後一眼父女睡著的模樣後，她偷偷地走出家門，朝霞海城隍廟裡走去。阿梅跪在霞海城隍廟門口，等很久廟門都沒開啟，只好又傷心地走回家。

回到家門前，看到田都已站在等她。

「阿梅妳決定好了嗎？決定是生或死？」

「請田都元帥幫忙將我火化掉吧！這樣小愛就能夠活了！求求您了！」

「妳真的不後悔？」

「是的，能讓女兒平安地活下去是我這母親在世上最後的願望，拜託您了，田都元帥。」

「我知道了。」

田都比比手指，念出咒語，阿梅恢復成原本的素人木偶。他們走向廚房的灶，田都彈一下指，熊熊烈火立即湧現。阿梅向田都磕頭，感謝能讓她盡到最後母親的責任，接著毫不猶豫地跳入火堆，焚燒殆盡。原來依附在阿梅身上的小愛魂魄，也重新回到了小愛的身上。

「噹！噹！噹！」牆上的鐘聲響起，第七天已完全結束。田都走向小愛與阿祿師，口中念些咒語後回到神桌上，從此再也沒有顯靈過。

隔天早上，小愛被陽光曬醒。父女倆完全遺忘阿梅，只依稀記得似乎做了好長好長的一段夢，那段被媽媽照顧且愛過的日子，一切彷彿昨日經歷，卻又感覺已過許久。只有大大的時鐘依舊滴答滴答地轉動著。

歷史小學堂

1．霞海城隍廟。主神霞海城隍，清朝咸豐三年（西元一八五三年）因為在艋舺發生械鬥而落敗的同安人背著霞海城隍來到今廟址處，並於咸豐六年（西元一八五六年）重建。傳聞此廟為金雞母穴，現今即為清朝重建模樣，因為風水極佳庇佑當地繁盛於一時。每年農曆五月十三日的霞海城隍祭與青山王祭，並列為台北市區內重要傳統民俗祭典。

2．慈聖宮。清朝同治五年（西元一八六六年）興建於西寧北路與民生西路交叉口，因日治時期都市計畫而遷於此處重建。主神供奉媽祖，此廟前廣場是許多老台北的記憶，具有相當多年的歷史。

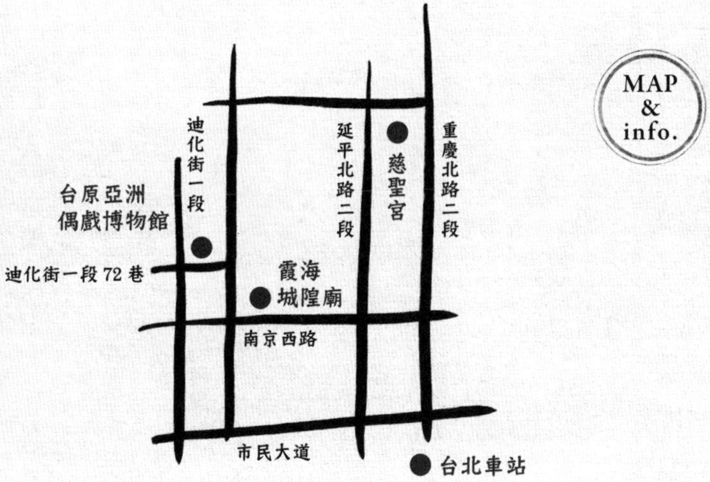

霞海城隍廟　台北市大同區迪化街一段61號。

台原亞洲偶戲博物館　台北市大同區西寧北路79之1號

慈聖宮　台北市大同區保安街49巷17號

公路

① 霞海城隍廟：國道一號重慶北路交流道下執行重慶北路至涼州街左轉行經延平北路二段南行至南京西路右轉見迪化街再由轉即可抵達。

② 慈聖宮：重慶北路二段執行至涼州街左轉與延平北路二段交叉口即抵達。

③ 台原亞洲偶戲博物館：至迪化街一段後，在霞海城隍廟前即為迪化街一段72巷步行至巷口即可抵西寧北路，偶戲館就在右側。

捷運

① 霞海城隍廟與台原亞洲偶戲館：於台北捷運站下車。

② 慈聖宮：搭中和新蘆線於大橋頭站下車。

師之碑

no.
19

二宮尊德之魂

一位愛調皮搗蛋的學生，因與二宮尊德的相遇，改變往後的人生。那場相遇發生了什麼事？為什麼在二次世界大戰時，他肯違反國家法令，偷走二宮尊德的像？

初遇

日治時期，日本政府施行「國民義務教育」政策，讓台灣學生也有接受國民教育的權利。當時的初等教育，以種族分設學制，大抵分為以日本人為就讀對象的「小學校」，以及台灣人讀的「公學校」。「小學校」、「公學校」所使用的課本教材、資源待遇都大不同，唯一共同之處，是每間小學的入口，都有著一尊二宮尊德的銅像。小小的身軀，身後扛著撿來的木材，身前雙手捧著書本，腳下則穿著一雙草鞋。奮發勤讀的身影，不論在當時或現代，皆是日本教育的代表性精神人物之一。

大正三年（西元一九一四年）七月，位於在花蓮港廳的瑞穗公學校（今瑞美國小）有一位出生家貧的孩子——野原明秀，他天資聰穎，但喜好惡作劇，不愛唸書。連導師山下先生都對他的調皮搗蛋莫可奈何，因為無論怎麼教訓，他都不怕。

有一天上課前，山下老師走到二宮尊德像前虔誠地說：「偉大的二宮先生，請問我到底該怎麼教好野原明秀呢？請給我一點指引吧！」

祈禱完後，山下老師轉身離去，二宮尊德銅像的眼睛悄悄地發出短暫的光芒。

當天放學，學生們魚貫地各自回家，野原背著斜背的布巾包袱正準備走出校門時，突然聽到背後傳來一陣呼喚。

「野原明秀……野原明秀……」

野原好奇地轉頭，卻沒看到後面有人。

「大概是聽錯了吧！」野原聳聳肩，繼續往家的方向前進。此時，站在銅像基座上的二宮尊德銅像眼神發光，手腳關節慢慢地轉動，接著就從基座上跳下來，跟在野原的身後。

行走在稻穗波浪中的野原，完全沒察覺到後面有人跟著，他穿過一條小溪，走過一段偏僻的山路，最後來到一間由木板所搭建的草寮，那就是野原的家。

「我回來了！」

野原將脫掉的鞋子擺放整齊，走進入屋內看望生病的奶奶。出生於琦玉縣的野原，在強褓中跟隨父母與奶奶來到花蓮港廳的瑞穗庄（為一九三七年至一九四五年間存在之行政區，今花蓮縣瑞穗鄉及光復鄉南部。）在遷徙過程中，母親因操勞過度加上水土不服早早病逝。

野原的父親為賺取更多收入，冒著生命危險在深山裡當巡查，由於那時居住在深山中強悍的原住民偶爾會發動突擊，為保家人的安全，只好將母親與兒子留在較為安全的地方。所以如今家中只剩下野原與奶奶相依為命。

在這樣的家庭環境下，野原從小就很獨立，除了必須提早學會料理家務，在奶奶病倒之際，亦肩負起照顧家的責任。早上天還沒有亮，野原就趕緊起床升火煮稀飯，他將撿來的木材投入大灶裡，在灶前用手將樹枝放在石頭上磨擦，待底部起火後再丟入灶坑中，接著拿空心竹子吹氣，以助火引燃。

野原於鍋內放入切好的地瓜、野菜及一點點米進行炊煮，由於不斷吹氣與煽風，有時還會不小心被黑煙燻嗆到，以致野原的臉常常看起來黑黑髒髒的。二宮尊德躲在屋外角落的草叢中，靜靜地觀察。

野原煮好飯後，用木板端放早餐與午餐的量，走向奶奶的臥室。

「奶奶，吃早飯了。小心燙。」

「明秀，應該是我煮給你吃才對，這陣子讓你辛苦了……真是對不住……。」

「不會的，以前我生病奶奶照顧我，現在奶奶生病當然由我照顧奶奶啊！」

「真是懂事的孩子……。」

「奶奶，妳怎麼哭了？」

「沒事沒事，眼睛跑入了沙子。」

照料完奶奶後，野原在上課前，還去附近山上撿枯掉的木枝樹葉，小小的身軀背著大大的竹簍看起來實在頗不對稱。二宮尊德緊跟在後，趁著野原撿拾的空檔，再次出聲：

「野原明秀……野原明秀……」

野原回頭看，一樣沒看到任何人，就在不以為意繼續向前走時，不小心絆到一株樹根跌倒。

「唉呦！好痛阿！」

野原邊揉著發疼的地方準備起身時，看到眼前一雙令他吃驚的腳，再往上看，竟看到了二宮尊

德的銅像！

「是鬼啊！」

野原氣喘吁吁地一步併二步背著竹簍快速往山下跑，後來慢慢鎮靜下來，心想：

「怎麼可能會在那種地方看到學校的二宮尊德郎銅像，一定是自己在作夢，不可能的。」把竹簍放回家後再進入校門時，野原特地往二宮尊德銅像的方向看去，看見銅像還是站在原地。他在地上撿起小石子往前丟，也沒見銅像有任何反應，野原認為是自己多疑，趕緊走進教室。

月光下的約定

很快地，一天又過去了，師生們隨著鐘聲準備回家，一樣跟著人群走出校門的野原，突然想起什麼似的，跑到草叢中躲起來，並偷偷往二宮尊德的銅像觀看，想要確定它到底是不是會動？

等一會兒，只見原本僵硬的銅像眼睛發光，肢體慢慢轉動，而且他的頭還朝向野原的方向看去。

「有鬼啊啊啊！」

野原再度受到驚嚇，跳出樹叢狂奔，跑到溪邊想休息一下時，又看到二宮尊德出現在他的面前，野原的腳嚇得不聽使喚。

野原雙手合十，聲音顫抖著說：「二宮尊德大人，對不起我錯了，不要殺我……。」

二宮：「野原明秀，抬起頭，我不會傷害你的。」

野原害怕地抬起頭看著二宮，此時看到的，卻是一個活人的身影，而且是很親切充滿溫暖的學者模樣。野原不再感到害怕，他認為二宮應該不是會傷害他的惡鬼。

「明秀，你是個孝順的孩子，看到你照顧奶奶的模樣，彷彿看到生前的我在孝順雙親的時候。」

「為什麼你會知道這件事？」

「因為我昨天一整晚就在你家看著呀。其實山下先生很擔心你喔！」

「是嗎？真多事。整天老愛找我麻煩。」

「明秀，不可以不尊敬老師，雖然無論你喜不喜歡，老師都是指導我們知識的長者，帶領我們進入學問的殿堂。」

野原聳聳肩：「我知道啦，我會改進的。」

天色漸漸昏暗，野原向二宮鞠躬後，趕緊回家照顧奶奶。入夜時，野原一個人坐在戶外草地上，看著月亮的光灑落於地面。突然間他聽到背後有沙沙的聲響。

「是你吧，二宮尊德？」

「是的。」

「你還沒有回到學校裡去阿？」

「回去了還會在這跟你說話嗎？」

野原抬起頭看著月亮，不一會兒他突然哭了出來：

「嗚……嗚……」

「怎麼了？為什麼哭了？」

「我想我爸爸，爸爸出差後很久沒有回家了，他去很遠的地方當巡查。只要他一回來就會帶很多好吃的回家。只是他現在處於深山裡，不知道是否平安？」

「真是孝順的孩子，那我幫你看看吧！」

二宮說畢，眼神再次發光，他看見正在休息的野原父親。

「放心吧！他還平安好好活著，現在正在休息中。」

野原吃驚地看著二宮問：「為什麼你會知道？」

「你忘了我是神祇嗎？」

「對喔！那你可以告訴我一星期後山下老師要考試的內容嗎？」

「可以。但是你要乖乖聽我的指導去做。我保證你一定考滿分。」

「好的，一言為定！」

二宮請野原拿出課本，從簡單的算術到歷史，在七天的時間裡，逐字逐句教他認識。最後一天晚上，二宮對野原說：

「明天的考試，就看你這七天努力的成果了。這七天，看著你除了照顧奶奶之外，空閒時手都在拿書閱讀學習，我看到很為你開心。但明天過後，我就要回天上去，再也不能指導你了。」

瑞美國小被徵收前的二宮尊德銅像。翻攝自瑞美國小看板。

瑞美國小校門左側的「恩師之碑」，以及於二〇一二年時重新安放於旁邊的二宮尊德銅像為瑞美國小極具代表性的珍貴文物。此為恩師之碑正面之景。

「為什麼？為什麼二宮老師要離開？」

「人間有相聚亦有分離。請記得學問只能是靠自己努力得來的，沒有人可以代替你，學到的一切都是屬於你自己的！」

「可是……可是……」

「這些日子謝謝你的照顧，看著你進步是為師的快樂，與同學們和睦的相處也很重要，記得要放下自己的身段，去融入他們中，你才能真正找到快樂。」

「我知道，真的非常感謝您的指導。」野原跪二宮前面磕頭，再起身時，已看不到他的身影。

消失的守護者

天亮後，野原備妥七天以來的準備，充滿自信地前去應試，寫考卷時，仍不時望著窗外站立的二宮尊德像。考完試回家，野原嘗試呼喚二宮尊德，戶外卻靜悄悄地只剩下蟲鳴聲。

隔天上課，山下老師發下改好的考卷，宣布第一名是野原明秀時，全班同學皆不可置信，野原也第一次感受到眾人注目的榮耀。從那天起，野原成為努力奮發學習的學生，不再調皮搗蛋，也很受同學的歡迎，保持著優異的成績直至考取教師資格後，自願回到母校服務。

太平洋戰爭爆發時，軍方徵調全國銅像，熔解成金屬以支援軍事武器生產。已成為老師的野原，趁著晚上偷偷將二宮尊德的銅像藏起，埋在家後面的一個箱子內。

日本戰敗，國民政府軍命令所有在台日本人都必需遣返，除了生活必需物之外，一切皆不得帶走。野原走到藏起二宮尊德的地方，拿出來膜拜：

「二宮老師，接下來就麻煩您多忍耐，等到可以再次回來台灣，我一定會來帶您回到日本。」

但當野原回日本後，過了數十年再也沒有機會踏上台灣，之後就病故了，那尊二宮尊德則再也沒有人知道它的下落。不過，其所站立的基座仍存在著，而他的身影，也存在老舊泛黃的相片之中。

歷史小學堂

1．二宮尊德又稱二宮金次郎，生於西元一七八七年至一八五六年，是日本江戶時代重要的農業家與思想家。十四歲時因父親病故，為扛起家計及照護年幼的弟妹，白天上山砍柴，晚上一邊編草鞋一邊刻苦學習。西元一八二二年，二宮尊德受小田原藩主重用，進行多項農業政策的改善，為農民生活改良提供很大的貢獻。由於其奮發向上的努力精神為良好的學習典範，故在日本許多學校中，皆可看見此銅像的設置。

2．日治時期，台灣許多學校的入口皆有二宮尊德的銅像，曾為台灣校最多的雕像之一，而後逐漸隨著二次大戰、日本政府離台等環境變遷因素，二宮尊德的銅像所剩無幾。就筆者目前所知，尚存在的二宮尊德像共有五尊，其中三尊於日治時期就已存在，分別建立於金瓜石勸濟堂、老松國小、剝皮寮老街。另外兩尊則是於近代所設，分別建立於日新國小、瑞美國小中。

萬華區剝皮寮老街的二宮尊德銅像。

金瓜石勸濟堂的二宮尊德銅像。

萬華老松國小的二宮尊德銅像。

MAP & info.

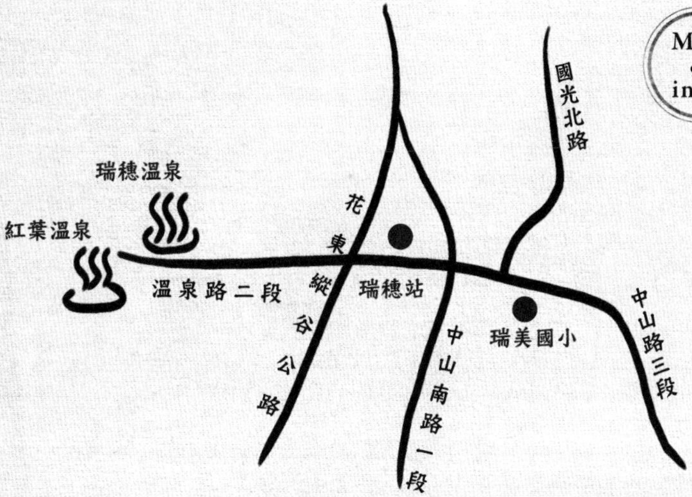

瑞美國小

◆ 交通資訊

花蓮縣瑞穗鄉中山路二段 389 號

火車　搭乘台鐵東部幹線至瑞穗火車站下車。

公車　搭乘花蓮客運 1135 號至瑞穗國小站下車。

公路　沿 139 號縣道直行即可到達。

◆ 旅宿推薦

花蓮瑞穗鄉本身擁有溫泉，故溫泉開發史與相關住宿設施相當完善，其中有二間百年歷史日治風貌的老旅社可推薦：

① 紅葉溫泉旅社：花蓮縣萬榮鄉紅葉村 188 號　（03）887-2176

② 瑞穗溫泉山莊：花蓮縣萬榮鄉紅葉村 23 號　（03）887-2170

194

no.

20

丑時之女

謎樣死亡的富商，死前的最後一刻究竟看到了什麼？

在丑時出現的女子怨靈，法華寺的和尚該如何完成渡化她的任務？

謎樣的富商之死

大正八年（西元一九一九年）三月五日，在萬華發生一位富商遭到刺殺的事件。這名商人的死法相當離奇，心臟部位由一根長達五吋的鐵釘穿插而致命，倒臥在入船町巷弄之中被人發現，附近鄰居皆議論紛紛。有住戶說晚上曾聽到一位男人驚恐的呼叫聲：

「不要殺我！秋子！不要！」

這天是台灣傳統舊習俗元宵節的日子，在龍山寺舉辦著盛大的元宵燈會，人們熙熙攘攘地前往觀看。在不遠處靠近青山宮的紅磚巷弄內，有名富商男子進入料理亭享樂，離去之時卻意外喪命倒臥在血泊之中。男子口中不斷吐出鮮血，左手緊緊地握著胸口的鐵釘，眼神相當驚恐。他生前的最後一眼到底看見了什麼？一切都成了謎。

從淡水河舊碼頭入船町上岸處有間鍾馗廟宇，廟宇後方有許多蜿蜒的巷弄，是當地居民早期居住的村落，稱為蕃薯街。走在巷弄裡，許多碼頭苦力蹲在一旁，也有些娼妓站在街屋邊招攬來往客人。娼妓臉上塗抹著胭脂，只要與客人彼此看對眼即帶往巷弄的民居拉上窗簾進行魚水之歡。每處民居附近則常有一些角頭地痞在四處張望，這裡似乎就是他們的地盤，連當地巡查也是睜隻眼閉隻眼，只要不鬧事就好。

偶而巡查出現巡邏時，這些地痞會湊上前哈腰拱禮遞上香菸；娼妓也很識相在地痞的先行通風報信下紛紛走入屋內暫時躲避。官與民兩者能這樣相安無事，也是為了在有限度的環境下彼此依靠生存。這條紅磚巷人稱「胭脂巷」。

遊廓女子唐行小姐

日治時期的萬華，日本人為管理來台謀生的娼妓，在萬華歡慈市、粟倉口與後街仔一帶成立1.遊廓來管理這些娼寮。在遊廓內娼寮可以合法的營業招攬生意，並且還要接受政府衛生單位定期的性病衛生檢查。

分佈在街廓裡的娼館一共有二十五家，其中以新高樓、歡歡樓為一等，多為地方有頭有臉的人聚餐宴會之地，所費不貲；二等的富士見樓、三等的赤玉、新鮮樓等則屬於中產階級所至；社會最底層的人無法進到遊廓內，只好到青山宮附近尋找本島人的娼妓，也就是私娼寮尋歡作樂。遊廓內最具代

1．遊廓是江戶時代集中官方認可的遊女屋（妓院），以圍牆、水溝等所包圍的區畫。集中成一區畫的目的是便於治安、風紀的管理。

表性的街道為有明町，在有明町的街尾可以見到兩層樓三開間的木造建築佇立在三叉路口，這棟建築就是「新高樓」。

這些來自日本四島以外的內地女子被稱作「唐行小姐」，在明治維新之後，許多因為貧窮而被人口販子買下的農村女孩，就此走向不同的人生道路。貧困的農民為窮困的生計將自己的女兒推入火坑，她們的際遇雖令人同情，但在那男女不平等的年代中，除了貴族家的女子可以受教育之外，也只有藝妓才能有資格識字唸書學習。

演藝時彈一曲[2]三味線，訴說淒涼的悲慘身世，她們只能拼命賺錢，早日還清債務以獲得自由之身。當然也有很多歡場女子到最後離不開賭，終其一生死於異地無法獲得解脫。成為藝妓便是這群女子的夢想，藝妓之首的花魁更是夢想的最頂端。只要到達那個位置，一切生活無虞。

而「性」這個字，訴說著人類從古至今的渴望需求。有需求就有供應者的存在，這是人類歷史進展過程中社會底層的縮影。很多日本女孩們，就這樣被人口販子賣到世界各地有日本人聚集的地方，從事性工作以撫慰「海外遊子」的心靈。唐行小姐大多不假天年，往往死於疾病後被草草埋葬，幸運一點的被當地富戶看上，買來做側室終老一生；次等的則是在債務還清後出家，一心歸隱佛門，期待來世免於再次受苦折磨。這批唐行小姐最後身葬之處，都立下一只方尖碑，並取一個佛教的戒名做為魂歸之地。

秋子的鄉愁

大正七年（西元一九一八）一月，新高樓從內地引進一批藝妓來台北工作，其中一位來自岡山縣的女子名叫小山秋子。秋子離開家鄉已有十多年，從八歲被賣掉就跟著山本屋家四處工作賺錢，最後因頗有姿色，被新高樓老闆看中買下來到台北。

秋子從西門町八角堂（今西門紅樓）挑選日用品與髮簪，回程時走到新起町有座日蓮宗布教所的佛寺，此佛寺規模並不是很大，只是因它的山門很像故鄉岡山縣的妙興寺，來到這讓她有股彷彿回到家鄉的感覺。

秋子小時候住在妙興寺的高砂山附近，每到新年時，她的父母會帶著她一同來到妙興寺拜佛祈福。走過山門即可見高大的仁王門，在門上面有一個金色的匾額寫著「教意山」。仁王門的兩側各有座金剛力士神像，怒目相視的眼神令小小年紀的她感到害怕，只敢躲在母親後面，緊抓著母親的衣袖

2．三味線是日本的一種弦樂器。樂器由四角狀的扁平木質板面蒙上皮製成，琴絃從頭部一直延伸到尾部。通常會用銀杏形的撥來彈奏。

跟著前進。印象中在本堂也有一個跟她年紀差不多的小和尚在那裡打掃，住持則是位很慈祥的老者。

當她第一次發現法華寺時，內心充滿著喜悅兼哀傷的情緒。她現在已經不怨恨賣掉她的父母，她知道這是為了家族的存活，那是一筆救命的金錢。唐行小姐皆來自鄉下的貧窮農家，她們雖然互相競爭，但也彼此互相照顧，因為除了置屋的老闆夫妻外，共同生活的姊妹們就是後半生的親人。然而她們也有可能又被轉賣至其他各處漂泊著，一直到死後才有歸宿的場所，但這場所往往就是在異地長眠。

秋子走進山門內前往本堂內禮佛，她先在一旁石造水手缽中，彎腰用勺子輕輕取一勺水先洗淨雙手，再取一勺漱口，完畢之後再入堂內。她看見裡面坐著一位年輕的和尚，敲著大罄不斷念著佛號。和尚聽見木板有聲響，知道有善信入內，但他依舊沒有回頭，只知道背後是女施主，因為從後方傳來陣陣胭脂花粉味。

秋子站在法師後面，看著神案上的千手觀世音菩薩將雙手合十默默祈福。禮佛參拜完轉身後，從錢包中取出拾圓大鈔投入奉獻箱中。此時的她已沒把金錢當作追求目的，她已擁有財富，內心卻如枯山水般缺乏安全感。年方二十六歲的秋子渴望的是能夠有個溫暖的家庭，然而歡場女子能否擁有愛情？會來到這尋歡作樂又有哪一個男人是真心可以託付一生的呢？這事也許只有神佛知道，也只有神佛的力量可以幫助。然而這位有緣人到底在何方仍不得而知。

同鄉的情誼

自從秋子知道法華寺的存在後，只要有機會去西門町紅樓市場，一定在回程時會刻意繞到這參拜菩薩，每次也都會取出一張拾圓大鈔投入奉獻箱內。這些大鈔讓法華寺住持岡田法師大為驚訝，因為在滿是硬幣的奉獻箱中僅有這麼一張。他也對這位女施主的來歷甚為好奇，只是每當胭脂的香味來到時，他總也湊巧地正在吟誦佛經，所以兩人並未有過交談。岡田法師決定下次當女施主來參拜時，當面向其致謝。

某天秋子再次來到法華寺，她請車夫在山門外等候，獨自一人進入參拜菩薩。這次岡田法師沒有在吟誦佛經，而是在一旁輪番所內暫歇打坐禪修。當秋子參拜完轉身之際，岡田法師已站在她的身後，兩人四目交接。

岡田法師合掌向秋子敬禮：「感謝女施主長期以來無私的奉獻於我佛！」

秋子趕緊回禮：「小小心意不值掛心。」

「聽女施主的口音是從內地而來此處否？」

「小女子故鄉為本州岡山縣瀨戶高砂山一帶。」

「什麼？」岡田法師驚訝地看著秋子：「貧僧正來自岡山縣妙興寺。」

秋子驚訝地看著眼前的法師，沒想到此人竟然是同鄉。由於同鄉之誼加上年紀相仿，他們很快地聊開，原來兩人小時候在妙興寺便已見過，法師就是當年的小和尚。

正當想進一步瞭解時，在山門外等待的車伕走進來催促：「時候不早了，秋子小姐請您上車吧！」

「女施主來日在相談。」

秋子只好向岡田法師告退，沿著參道走著小碎步快速走到山門外。上車後，車伕拉起桿子回頭向秋子禮貌示意：「秋子小姐請坐好，因時間不早，我必須衝快一點回去了！」說完便小跑步拖著黃包車朝新高樓的方向而去。

「沒想到他就是當年在打掃的小和尚……。」秋子心想。

浮世繪的人生百態

離開法華寺時已是黃昏，太陽的餘暉緊抓住最後的雲彩，黑幕也將接替而來。在遊廓區域內華燈初上，燈火通明。許多達官顯要搭乘的黃包車不停穿梭，有喝得爛醉如泥的酒客，也有風度翩翩的文人雅士。在角落黑暗之處，另有在身前放破碗乞討的浪人，也有斷了腳拄著拐杖，低頭不語拿著碗不斷點頭，請求善心人士施捨的殘缺人。

回到新高樓時，秋子正好見一群浪人因全身髒亂散發臭味，被保鑣們拿著棍棒驅趕，一位走得較慢的老人挨到幾棍痛苦地在地上打滾，有位少年前去解圍，卻也跟著被棍棒挨打。

秋子走過去對保鑣說：「住手！別打了！」

「可是秋子小姐，不趕走他們老是在這邊乞討，客人都不敢上門了！」

秋子發現那名少年似乎也受了點傷，向前關心：「年輕人你沒事吧！」

「不礙事的，跟這些浪人比起來我只是皮肉之痛而已！」

秋子從袖中拿出錢包，掏出幾錢硬幣要給少年去看醫生。

少年笑了笑：「好心的姊姊，您就將這些錢賞給那些浪人吧！這點小傷真的沒事的！」說完便轉頭離開。

秋子喊住少年：「請問勇士如何稱呼？」

「我叫做施乾。」施乾回頭給秋子一個微笑後，消失於人群之間。

走進門內，老闆娘河田夫人坐在椅子上，拿著煙斗用眼光餘角瞄一眼秋子：

「妳最近出去好像都比較晚回來唷！」

秋子只沉默地點一下頭。河田夫人是新高樓實際的當家，各個藝妓舞妓去哪、做了什麼她都一清二楚，只是睜隻眼閉隻眼。只要不太超過，她不大會動用家法來管束這些搖錢樹，尤其秋子是當前最紅的新高樓紅牌藝妓。

河田夫人吐出一口煙：

「進去裡面換套衣服，待會兒有位大商人要來，去請男眾幫你換穿亮一點的和服吧！」

「是的，媽媽！」

秋子鬆一口氣，低頭朝自己的起居室走去，門外已經有兩位男眾端坐在那等待。男眾是專門幫藝妓穿戴和服的男性職人，因為華麗和服穿戴比較繁雜都需要有位男眾協助。他們為秋子拉開紙門，隨後在榻榻米上鋪一塊布，秋子站在布上，雙手平行張開，前方男眾為其脫衣，而後方男眾則卸下腰帶，再從掛衣架上拿和服為秋子穿戴。穿戴完畢後會有另外一位女眾幫忙整理儀容，更換髮簪與整理頭髮。

晚宴的相逢

晚宴即將開始，入船町碼頭旁兩艘船舫的貴客們紛紛就座，三位伴舞的舞妓已在前方等候，當秋子一出現，立刻吸引全部賓客的目光。有位來自日本的中年男子為秋子的美艷與彈奏三味線時略帶哀愁的唱腔深深著迷，而他的模樣也被一旁的黃大商人看見。

黃大商人緩緩起身，走出門外與河田夫人悄聲說幾句話，河田夫人先是搖著頭：「不行的，秋子不會答應的！藝妓是賣藝不賣身的。」

黃大商人從衣袖中拿出一疊金圓券對河田夫人說：「沒有錢辦不到的事，看妳要幾張自己拿沒問題！」

河田夫人原本蒼白略帶陰沈的臉瞬間轉為和顏悅色：「放心吧！我會替您安排好這件事的！真是非常感謝您的支持，呵呵！」

新高樓現址樣貌。

新高樓原貌。

黃大商人之所以這樣細心安排，因為他想得到八木酒造在台灣的獨家代理權，畢竟商人的算計是將每一分錢投入未來能回報十分以上的機會當中。當他回到場內沒多久後演奏也結束了，屋內電燈再次打開，侍女們魚貫端著餐盤上菜。當秋子走到黃大商人右側準備坐下時，黃大商人起身為秋子介紹一旁已被她著迷已久的賓客：

「這位是來自日本內地鳥取縣的八木先生。」

八木已經五十幾歲，在鳥取是個僅次於吉田酒造的釀酒商人，此次透過辰馬商會的安排來到台灣進行為期一個月的考察。秋子坐下來準備為八木酌酒，八木依舊呆愣著，彷彿尚未從剛才的表演中抽離。

黃大商人喊著八木的名字：「俊治、俊治！」

八木這時才回過神，趕緊端起酒杯接受秋子酌酒。看到八木額頭冒出些許的汗水，酌酒完一杯喝過一杯似乎很緊張的模樣，秋子覺得眼前這位木訥的男人實在好笑，但是又必須顧及客人的尊嚴，只好在嘴角輕輕往上一抹微笑表示。

宴會完畢之後，黃大商人請八木留在新高樓過夜，當八木準備就寢時，心裡還想著秋子的倩影：「從來沒見過如此美麗的女子，如果她能陪伴我一生不知該有多好。」正要入睡時，紙門突然開啟，秋子走進來恭敬地在地上行禮。那一夜，河田夫人命令秋子服侍這位遠來的貴客。就算秋子不願意也不得不奉命行事。

接下來每一天，八木待在台北的夜晚都是由秋子陪伴，在這段期間秋子對八木的體貼與溫柔充滿好感，八木也買了許多貴重的禮物送給秋子。

稻荷神社之祭

大正七年二月十七日，萬華地區遊廓料理亭的代表豐川閣，於午後兩點在西門町紅樓市場旁的稻荷神社主辦祭典，許多住在台北的商人蜂擁而至到稻荷神社參拜。上午十點前，有一場由萬華遊廓組成的藝妓遊行，秋子被安排走在第一位，穿著華麗的和服、頭髮插著金簪後頭跟著十多位藝妓，每位藝妓旁邊由舞妓幫忙撐著唐傘。

隊伍前方有戴著日本武士髮髻的兩位男眾，一人提著各自家紋的白燈籠，另一位拿著禪杖上下搖擺發出鈴響。更前方還有帶著狐狸面具的三位舞者在跳舞引導，一步步緩慢帶領向稻荷神社走去。一旁跟隨的樂師則沿路彈奏三味弦、笛簫與打鼓。

花柳界全體遊行的龐大陣容，從入船町新高樓前起點，走到終點西門町台北稻荷神社，進行約兩個小時左右的遊行活動。巡查們在一旁維持交通，不斷吹哨子警告那些圍觀者別超越警戒線。

遊行隊伍來到終點台北稻荷神社鳥居前，還需要表演一場奉納之舞，以新高樓為代表，秋子的扇子舞讓觀眾們拍手叫好，老闆河田夫婦在社務所神官的引導下進行參拜。這場人山人海的祭典巡禮，最終在巡查們的維持下順利結束。

姊姊之死

在新高樓裡，秋子有位很要好的姐姐叫做香子，比秋子年長三歲。聽說香子遇到一位很好的商人有意娶來做正室，讓其他姊妹好生羨慕。那一晚前的[3]歡送會，香子還將自己喜歡的繡球花髮簪送給秋子當作紀念。

秋子含著眼淚送別這位要好的姐姐，因為每當有心事時，只有香子願意當她的傾聽者。然而一個月之後，有壞消息傳來，香子的丈夫騙光她所有的積蓄後與其他女人私奔，受創的香子因想不開而投河自盡。

這消息讓秋子痛哭失聲，為好友的死感到十分不捨。入夜後，躺在箱枕上的秋子輾轉難眠，想著香子的死，難道這就是藝妓無可跨越的宿命？想著想著不知不覺累得睡著了。

八木的贖身

距秋子上次見到八木已經是半年前的事，這次八木獨自一人前來新高樓，找河田夫人聊許久，最後用一大筆金錢後將秋子交易成功。秋子雖感嘆自己終究也只是個可以用金錢交換的物品，但能遇到

正準備出發前往參加祭典的藝伎們盛裝打扮。

八木願意幫忙贖身，總算也是恢復自由。

連向各個姊妹告別的宴會也來不及辦，秋子匆匆拿著皮箱裝好的和服與化妝用品，與八木一起搭著黃包車離開新高樓。車子在若竹町附近停下，八木扶秋子下車，走到一棟房子前對秋子說：

「這裡以後就是我們的家了。」

秋子望著八木：「謝謝你願意給我一個家。」

恢復正常庶民的生活雖然有點不適應，但八木每天都會準時回家與秋子共聚。只是這幸福的日子卻沒有持續太久，半年之後，八木每天都喝得大醉才回到家中，甚至好幾天不見蹤影。之後街坊鄰居

3．藝妓一旦結婚或是年紀到三十歲就必須引退。

有消息說，八木在紀州庵迷戀上另一個藝妓。

聽到這消息的秋子心非常痛，原本期待的幸福卻被另外一個新出現的女人給搶走。在那之後，秋子與八木常常吵架，後來八木更負氣離家出走數月不再回來。

「原來是我太過於天真，去幻想一個不可能實現的美夢。」

秋子開始變得有點神經質，一下笑一下哭，連女僕都不該如何是好。

丑時之女

大正八年三月五日，那天是元宵節，由愛生恨的秋子想起曾經聽過「丑時之女」的古老傳說：於[4]丑時穿白衣頭戴三支白蠟燭，胸前掛銅鏡，手拿鐵槌與五吋釘子將草人釘於樹上，再下咒即可詛咒負心漢致死。

那一晚秋子做好草人、準備好白衣、掛上銅鏡，於丑時用火柴點燃三支蠟燭，走到庭園中間的榕樹，將寫有「八木俊治」名字的草人釘在榕樹上下詛咒。每次用鐵鎚將釘子插入草人時秋子都會先感到興奮，但釘入後又會嚎啕大哭，秋子想起自己的一生，邊喝著酒邊怨恨上天的不公不義，此時的她精神已經崩潰了。後來秋子手握酒瓶睡著，酒掉落在地面碰到未燒完的蠟燭引發熊熊大火，酒醉不醒的秋子葬身於火窟，結束痛苦的一生。

秋子死亡後隔天，八木也被發現死在有明町的巷弄內，更離奇的是，他的心臟正是被五寸鐵釘所釘入致死。那天晚上在一間料理亭用餐完畢後搖搖晃晃地走出來，他看見一位穿白衣的女子站在他的面前，他心想是自己喝得太醉，意識迷糊地問女子：

「妳是誰啊?穿得那麼奇怪想要做什麼?」

白衣女人不發一語，八木走近一看，發現竟是秋子。臉色蒼白的秋子充滿哀怨的氣息，八木想轉身逃跑卻失去方向感，就在他極度恐懼時，秋子拿起武器朝他攻擊，鐵釘正中八木的心臟，八木吐血爾後倒地不起。

「負心人!活該!呵呵呵!」

秋子的詛咒實現完，朝河邊飄去不久即消失的無影無蹤。隔天一早，八木的屍體被路過的行人發現，只見他嘴角留著血，右手寫著「秋」的字樣，死前恐懼的眼神令人看了相當害怕。

秋子的遺願

八木家遭受祝融後，荒廢的故居還殘存著燒焦的味道，附近街道的夜晚也不平靜，常有人在晚上

4．23時至01時。

八木清一倒臥之處。

由岡田法師所立的法華寺地藏石像。

聽見一個女鬼淒厲的哭聲，嚇得人們夜晚不敢經過那裡。為撫平死去的秋子怨靈，居民們紛紛請町長出面至法華寺請求法師能夠超渡亡魂。

町長前往法華寺拜會，住持岡田聽到秋子的際遇死嘆一口氣，並答應接下處理。夜晚，岡田穿著整套僧服，頭戴斗笠來到若竹町八木家。他走進被燒成廢墟的玄關處，拿下斗笠在地上盤腿而坐。待丑時一到，門柱旁出現一道影子，影子是頭頂上戴著三支蠟燭的女子模樣。影子一直向前進，那正是秋子的靈魂。

她念念有詞地用淒厲的聲音喊著：

「我好恨……我好苦……我好怨……」

「南無阿彌陀佛。女施主，好久未見，還記得我否？」

秋子很意外竟然有人待在自己的家中，而且還看得見她。她發現眼前的這位和尚就是法華寺的同鄉，剎那間她的靈魂哭泣了。

「女施主，您是否還有什麼心願未了，可以告訴貧僧呢？由貧僧為您代勞完成那份遺願吧！」

「法師大人，請您為我超渡吧！自從我死後一直飄蕩在此無法得到解脫，只能徘徊在附近，我好苦啊！」

「女施主若想得渡，必須放下感情、憎恨與怨念，如同您頭上三支蠟燭的火焰，火焰設下了對您的結界！」

秋子走到庭園的水池上看著自己的倒影，這就是她生前穿戴的模樣。因為八木破滅她對幸福的願景而起殺意，但如今八木已死在她的詛咒下，自己也相對葬身火窟之中，那麼還有什麼怨念呢？這樣想著後，頭頂上的「怨念」燭火消失了。

岡田說：「人間並不完全是美滿的，只有表象幸福未必就是一切，解脫莫過於隨遇而安，接受命運的安排。」

秋子若有所悟，第二根「憎恨」火焰也接著消失，同時間靈體也跟著產生變化，她的身體變得更透明了點。

秋子抬頭看著天空，此時的她早已原諒賣掉她的父母，因為父母也有不得已的苦衷。那麼我的感情是什麼呢？回想起自己以及在遊廓街裡相同命運的姊妹們，不禁又流下眼淚，是的，大家是一樣的苦。

「法師大人，請您聽我說，我有兩件事想拜託您！」

「您說吧！我盡力而為幫您完成心願！」

「第一件事，在這水池旁的雪見燈底下藏有一甕，裡頭有我一生所藏的金銀首飾與金錢。我希望您能用這筆錢蓋一座塔，此塔能收容像我一樣命運的遊廓女子，讓她們有個魂歸終之處而不再飄零。」

「女施主真是有情，願意為他人設想真是菩薩心。」

岡田語畢，秋子頭上「感情」燭火終於熄滅，蒼白的靈體開始出現金光，她已解脫得渡。就在將消失之際，秋子說出最後一個的願望：

靜修堂為昔日供奉遊萬華遊廓內藝妓、娼妓牌位所在。

八木清一捐贈的百度石。

「法師大人，如果可以的話，若您有回到故鄉，請將我的骨灰一同帶回至妙興寺安葬！」

「我答應妳，妳就跟著地藏前去投胎吧！」岡田口中唸咒，出現一尊雙手合十，身上戴著紅帽與圍巾的地藏。秋子向岡田行禮後，轉身隨著地藏一起消失。

高千穗丸沉沒

秋子得渡後，法華寺因台北市街改造計畫移往若竹町現址，八木的兒子八木清一接獲來自台北市警署的通知，來到台北處理後事。在透過町長的牽線下，八木清一將土地所有權賣給法華寺。

大正八年（西元一九一九年）六月六日，岡田將法華寺的本堂與山門拆卸至若竹町新址重建。並遵守秋子的遺願，另外本堂在旁建靜修園來祀奉萬華遊廓的遊女、藝妓與無名氏身故者。並在後方建塔安置她們的骨灰，於前方設立一尊地藏，希望她們能在地藏的牽引下跨越彼岸一同得度。

昭和十一年（西元一九三六年）六月十三日，八木清一從鳥取縣來到法華寺捐獻一座「百度石」立在參道旁。百度石是透過靈療的方式，讓前來佛寺祈福的病患繞走石碑一百零八次，每走一次撥動其內的銅片，口念「唵嘛呢叭咪吽」六字真言後便獲得痊癒。石碑背面刻著「鳥取縣八頭俊瀨町八木清一、母與妻」字樣，卻沒有留下父親的名字。

昭和十八年（西元一九四三年）三月十七日，岡田卸下台北法華寺職務後返回故鄉妙興寺，並遵守承諾帶著秋子骨灰一同搭上高千穗丸。當時正值太平洋戰爭爆發，美軍在西太平洋擊沉許多日本船艦，高千穗丸於三月十九日清晨被擊落，岡田不幸罹難，法華寺的創建過程因此成為沒有人知道的一段過去。

法華寺於戰後被接收，原本庭院中左側的庭園造景成為停車場，而當年秋子下詛咒的那棵榕樹，則還依舊立處於原地，低訴那段曾有的過去。

歷史小學堂

1．岡田榮源，明治二十六年生（西元一八九三年），卒於昭和十八年（西元一九四三年）為法華寺首代住持，大阪人。幼時入岡山縣妙興寺出家。原名木村德太郎，後從師岡田日寬修習，改姓岡田，法號榮源，名日惺。於太平洋戰爭中因搭乘高千穗丸被擊沉而殉難。

2．萬華遊廓又稱「艋舺花街」，最初劃定在歡慈市街（今貴陽路二段）、粟倉口、後街仔一帶為遊廓即風化區，在昭和十五年（西元一九五〇年）調查遊廓共有娼館二十五家，娼妓二百多人、藝妓三十一人。其中新高樓最知名，其次還有歡歡樓、富士見樓、赤玉、新鮮樓等。

3．台北法華寺興建於大正八年（西元一九一九年），原址西門町附近一帶，因明治四十一年（西元一九〇八年）台灣總督府公佈台北市市區改正計畫被迫另尋它地重建，而後在若竹町（今西寧南路）位置重建。

4．唐行小姐，為明治、大正、昭和時期在日本四島以外提供性服務的日本女性，多數在中國、東南亞一帶有日籍人士聚集之處。其來源相當複雜，有人口販子轉賣、也有因犯罪而逃亡的、也有自願的。她們最後都魂歸異地再也沒有回到故鄉。為當時大日本帝國賺取許多外匯的性工作者，為慰安婦的前身。

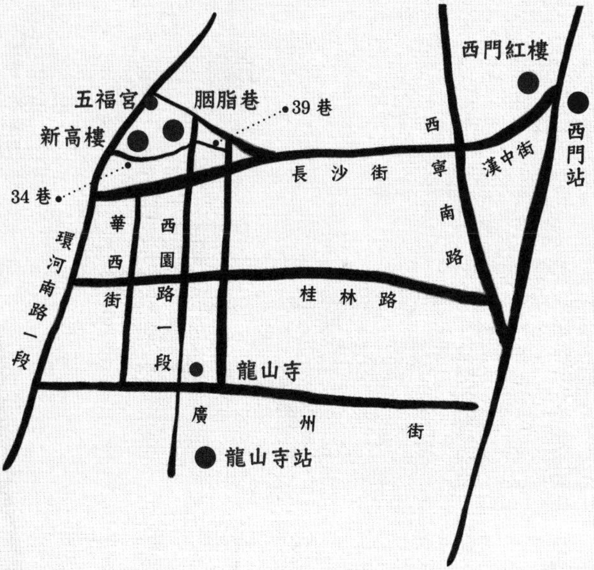

MAP & info.

◆**地景相關地址：**

① 台北法華寺：台北市西寧南路194號。

② 西門紅樓：台北市萬華區成都路10號。一旁原有台北稻荷神社，戰後接受被國民黨拆除殆盡轉賣給民間人士。

③ 新高樓：台北市貴陽街二段231號，戰後拆除改建為鐵路員工宿舍。

④ 胭脂巷：台北市西園路一段34巷到39巷此條巷弄，此巷弄是清代舊有道路。

⑤ 萬華龍山寺：廣州街211號。

公路

① 國道1號：於重慶北路交流道下，直行重慶北路二段、重慶北路一段至市民大道右轉，與中華路一段左轉直行可抵捷運西門站。

② 國道3號：於中和交流道轉台64線於板橋中山路二段下執行過光復橋後接西園路二段可抵龍山寺。

捷運　搭乘捷運板南線分別在龍山寺站與西門站下車步行即可抵達。

① 捷運龍山寺站：搭乘1、49、231、245號。

② 捷運西門站：搭乘9、12、202、205號。

後記。妖怪十問

一．為何想寫妖怪故事？

因為妖怪是人類歷史中可流傳數千年的創作題材，隨著歷史轉變會出現許多反映現實社會而新生出的妖怪。最初的動機，是受到鬼太郎展覽的刺激，水木茂老師開啟我不服輸的念頭，為什麼日本人可以用文化讓台灣人買單，而台灣文化卻一直走不出世界呢？於是開始寫故事。

二．為何能寫妖怪故事？

曾有一位通前世今生的老師告訴我，我的前幾世在天堂地獄都曾待過。接受佛家輪迴觀念的我相信這是有可能的，因若沒這種經歷，怎麼另外一個世界會來找我呢？而我只是個記錄者，都是它們自己找來的，我只是讀到它們的訊息奏開啟這些妖怪檔案而已。

三．台灣真的有妖怪嗎？

一處環境的形成是千百年的累積，在天地之中各地皆有能量與氣場，也就是中國所說的風水。生物的生命靈魂本就是天地間能量的一種，生物死後靈魂不生不滅存在，有些幸運找到該去的地方，有些則停留在當地或附著於新的軀殼上成為遊魂。若想看見它們，還需要磁場頻率相近，才有機會第一線接觸它們的存在。

四．你畫的妖怪是真的嗎？

每一靈魂都有其樣貌與形態，我畫的妖怪都是它們不請自來出現在我眼前，一般人稱之為靈感。它們只是顯現樣貌讓我記錄下來，這跟雕刻佛像的師傅是相同的概念。

五．為什麼都是日治時期的妖怪？

清朝的妖怪也是有寫，荷西時期的也有。因為日治時期的故事我完成度比較多先行出版而已。

六．跟妖怪要如何溝通？

意念吧！在這些故事要成形前，它們會把所要說的用成像電影般讓我知道。到現場去時，有時會找不到指定的位置，只好告訴那個靈，若再不出現我就要回去了，而往往就在停車的當下，發現它的位置就在我正前方。

七．為什麼妖怪要找你寫故事？

曾有修行的老師說我好幾世都是寫作的文人，並且天堂地獄都曾待過。也許因為這樣的累世經歷，讓它們認我為此之鑰吧。至於台灣作家那麼多怎會找我？我也問過它們這件事，它們認為我比較有同理心，不會戴著有色眼鏡去看待歷史並能接受它們，更重要的是跟它們有緣。簡單地說，妖怪跟人類一樣也是有其壽命，它們一直在等待能讓它們解脫的人存在，很多妖怪只是被關在當地，服刑期滿橫也會需要有人去幫它們記錄，並完成這一世的終點。

八．妖怪為何知道你在那？

我想這也許是自己身後有位指導靈牽線。這是一位白鬍子老公公（本來我以為是土地公，但並不是），它是位日本神祇菅原道真，有擲杯認證過的。也許是在台灣某處神社相遇到的，往往一個故事寫完，另一個故事就會現影，它們似乎會彼此傳遞訊息，知道人間這裡有我的存在。

九．妖怪與鬼魂有何不同呢？

基本上通稱「魂」比較接近，有些魂有軀殼有些沒有，這就像是磁力線的存在，磁粉能夠附著於磁力線上呈現各種型態出現。我想，妖怪與鬼魂差異在長相吧，當然也有混和體的存在。

十．當出遊時妖怪出現時該怎麼辦？

其實當你到任何一處會感覺毛毛的磁場，建議念佛號來安頓住自己的靈魂。佛留下的佛號或經文是天地宇宙的正能量，能使妖怪與鬼魂皆不敵。因為能量有高階與低階之分，只要當下心無雜念接受佛的正能量皆可逢凶化吉。

文經社

台灣妖見錄：
20 處日治妖怪踏查現場

國家圖書館出版品預行編目 (CIP) 資料

台灣妖見錄：20 處日治妖怪踏查現場 /
周鼎國作 . -- 初版 . -- 新北市：
文經社 , 2018.09　面；　公分
ISBN 978-957-663-769-8(平裝)
1. 妖怪 2. 臺灣
298.6　　107012387

作　　者 ｜ 周鼎國
責任編輯 ｜ 連欣華
美術設計 ｜ 李岱玲

主　　編 ｜ 謝昭儀
副 主 編 ｜ 連欣華
行銷統籌 ｜ 林琬萍
印　　刷 ｜ 勁達印刷廠

出 版 社 ｜ 文經出版社有限公司
地　　址 ｜ 24158 新北市三重區光復路一段 61 巷 27 號 11 樓 A（鴻運大樓）
電　　話 ｜ (02) 2278-3158
傳　　真 ｜ (02) 2278-3168
E - mail ｜ cosmax27@ms76.hinet.net

法律顧問 ｜ 鄭玉燦律師

發 行 日 ｜ 2018 年 09 月 初版一刷
定　　價 ｜ 新台幣 380 元

※ 本書圖片皆為作者親自取材及購買，地景景況及觀光資訊以本書出版日前為主，欲前往探索者建請於出發日前，再去相關網站查詢，以免向隅。

Printed in Taiwan